TROIA | CANUDOS

TROIA | CANUDOS

JORGE DA CUNHA LIMA

LARANJA ● ORIGINAL

Comece por Homero,
a *Ilíada* simplesmente é a
melhor coisa que existe.

ANNE CARSON

Na colina atual de Hissarlick,
a sudoeste da Ásia Menor,
acamaram-se pelos tempos afora
restos de uma notável civilização
que, por querer guardar Helena,
raptada por um de seus príncipes,
Páris, sustentou notável cerco
que serviu de inspiração a todos
os cercos posteriores da história,
inclusive a nossa infeliz Canudos,
a Troia de Taipas.

Texto escrito pelo autor
no Colégio de São Bento aos treze
anos de idade para um trabalho sobre
a história de Troia.

Ao meu pai.

PREFÁCIO

Troia Canudos: a epopeia tragicorriqueira do homem comum

Jorge da Cunha Lima, o Jorginho dos amigos, começou jornalista (*Correio Paulistano, Última Hora, Senhor Vogue*), virou poeta (*Ensaio Geral, Mão de Obra, Véspera de Aquarius*), aventurou-se pelo romance (*O Jovem K*), foi o editor de um sem-número de títulos patrocinados por empresas sobre os mais variados assuntos (*O Livro de São Paulo, Arte do Caminhão, Caras Brasil*, entre dezenas de outros), e andou pela política e pela administração pública: ainda muito jovem, foi chefe de gabinete do governador Carvalho Pinto e, já nos estertores da ditadura, atuou como secretário do governador Franco Montoro em duas pastas, nas comunicações e na cultura. Foi também presidente da Fundação Padre Anchieta, comandando a TV Cultura em sua melhor fase.

Hoje em dia, vejam só, caiu de novo nos braços da poesia. Ou foi terminantemente abraçado por ela – há controvérsias.

Mas Jorginho não se contentou agora em buscar a poesia nos sentimentos e nas memórias pessoais, na mãe natureza, na História ou na própria literatura. Nada disso. O poeta renascido foi garimpar seu ouro verbal diretamente na seara vertiginosa do mito, esse nada que é tudo, segundo Fernando Pessoa. E teve a petulância de bater às portas de ninguém menos que Homero, o multitudinário poeta feito de todas as vozes mitológicas da Grécia antiga ou, se preferirem, das profundezas da impermanente humanidade. O resultado, que pode ser conferido neste *Troia Canudos*, é um *playground* mitológico, algo selvagem e sumamente lúdico.

Os mitos surgem, como sabemos, porque nosso inconsciente precisa deles para viver, porque inconscientemente enxergamos neles, em projeção simbólica, todo um conjunto de valores que lastreiam a cultura que ora nos limita, ora nos amplia como semideuses. Mas o poeta Jorge não se limitou a render homenagem aos mitos imemoriais da *Ilíada* e da *Odisseia*. O que ele faz aqui, sem a menor cerimônia, é contrabandear os mitos homéricos para a sensibilidade moderna, conclamando até James Joyce pra secundá-lo na travessia:

> *Leio Ulisses*
> *sentado no trono*
> *como um rei atento.*

Entram os elementos
sai o excremento.

Ecoa nesses versos a famosa cena em que Leopold Bloom, o herói sem heroísmos do *Ulisses*, de Joyce, defeca lendo num jornal a nota fúnebre dando notícia da morte de um amigo. Excremento e fezes: a vida reciclada, a vida terminada.

De fato,

Reis, generais, sacerdotes e soldados
são gregos de Esparta até o Hades,
confundem o herói com a morte
e o fim com a imortalidade.

Sabemos todos que a imortalidade é uma grande balela. Mas sabemos também, através da poesia, que cada passo que damos no mundo, por ínfimo que seja, tem, para cada um de nós, uma importância infinita. E é dessa minúscula infinitude que tiramos nosso senso de imortalidade, não importa o quão caótica seja a nossa existência dentro da História maiúscula em que nos vemos inseridos, quase sempre a contragosto. Sem falar que ela mesma, a tal da História, é puro caos, ou, como prefere dizer Stephen Dedalus, o avatar de Telêmaco na saga joyceana, é um pesadelo do qual tentamos acordar.

Os versos de um poeta, porém, podem nos ajudar a ter vislumbres de beleza, harmonia e justiça, além de graça, humor e pura diversão intelectual, no meio dessa barafunda trágica que chamamos de realidade. Isso porque, como diz o poeta de *Troia Canudos*,

> *toda poesia*
> *é um caos*
> *doutrinado.*

O que, no fundo, Jorge da Cunha Lima sugere em seu novo livro de poemas de rimas surpreendentes, ritmo tão forte que você se pilha marcando a cadência dos versos com o pé, e uma erudição posta ao alcance da libido do leitor, é que a poesia é que é o nada que é tudo, com a devida vênia ao bardo lusitano.

O fero Aquiles, o artimanhoso Ulisses e a escultural Helena, "a mulher da própria história humana", escapam da *Ilíada* e da *Odisseia* para dar as mãos e, de lambuja, o sexo, ao prosaico Leopold Bloom, ao torturado Stephen Dedalus, à trêfega Molly de uma Dublin corriqueira, bêbada e adúltera, que pode muito bem situar-se na Pauliceia do poeta. Afinal, como diz nosso poeta,

> *em pensamento,*
> *literatura*
> *e sexo*
> *têm hora*

*marcada
no firmamento.*

Em pensamento podemos acreditar que Troia é Canudos, Príamo é Antônio Conselheiro, Jorginho é Homero, e eu, minha amiga, meu amigo, eu sou você, e todos temos hora marcada neste belo livro de poesia.

REINALDO MORAES

TROIA CANUDOS

A CANÇÃO DE AQUILES

Aquiles nasceu de Peleu,
e de uma deusa, nomeada Tétis por Zeus.
Sobre o doce corpo de Pátroclo
foi duramente treinado para a morte.
Sob o olhar de Quíron,
cheio de ternura e violência.
Fênix preparou-o como guerreiro
e orador, pois a palavra
é uma espada de ouro.
Morreu cedo, seguindo o destino
e os oráculos, quando a flecha fina
de Páris, guiada pelo próprio Apolo,
atingiu-lhe o calcanhar,
única porta aberta
nessa muralha corporal de Troia.

Com Pátroclo, desde a aurora,
carregou adagas e espadas
de cobre, com as quais
brincavam de ser homens,
embora Tétis, a mãe divina,
o quisesse deus
para livrá-lo da morte.

A história de Aquiles
é a história da cólera
e a *Ilíada* é a cólera
da cólera de Aquiles.

Não houve na poesia
quem mais amasse
e mais lutasse
pela condição humana,
para ser deus
apenas no barro.

Nunca perdeu uma luta
nem os bens
que o coração acumula.

Ao resgatar Helena, a mulher
da própria história humana,
por cuja beleza
dezessete reinos
a vela, no mar, enfuna,
não houve corpo
que escapasse
da força do seu corpo,
nem ofensa
que ele não vingasse,
reduzindo o ofensor
a uma frase morta.

Não honrava
nem foi honrado
por Agamenon,
que não lhe alteava os dons,
embora fosse o comandante
da batalha.

Assim, renunciou
ao troféu de Troia.
Que seria sua na vitória.

Recolhe-se, então, à côncava
caravela enquanto os deuses
decidem a guerra.

Só a dor que dilacera a alma,
quando o amor se encerra,
tirou-o de novo da nave fria
à luta ardente,
para vingar Pátroclo,
jogado aos cães
por Heitor, herói de Troia.

Nunca as areias
viram um fogo arder
com as chamas tantas
do inferno,
numa luta cuja essência
engrandece a história
da violência.

Nesse chão fora dos muros
jaz Heitor, filho de Hécuba,
sem que o corpo apodreça,
até que um digno funeral
o alce da desgraça.
Príamo, seu pai, rei de Troia,
baixa aos porões da humilhação,
beija as mãos do matador.

Aquiles, o que nunca
renunciou a um troféu
ganho na guerra,
devolveu Heitor
ao pai em sua dor,
por sabê-lo igual na luta.

Por fim, na tranquila
partilha do destino,
espera que a morte o redima
de perder o amor de sua vida
e de ter morto um herói
que não subestima.

SONETOS DOS VENTOS DE IFIGÊNIA

I

Morte mais triste
a morte de Ifigênia.
Morte que dá vida
à triste vida da efígie.

Soldados com pressa
no pacto de Helena
para imolar a princesa
no leito trágico da cena.

Todos atentos
como os ventos
que levam a Troia.

Ventos inventos
instalam a morte
no coração da sorte.

II

Que brisas trouxeram Ifigênia
a núpcias com o herói em Elion,
o sim de uma rainha ingênua
ou o júbilo feroz de Agamenon?

Vento que fere a quilha,
ventos de calmaria,

tormenta de calma e ira
adiam sangue e partilha.

Uma brisa as velas incha
selando o vil sacrifício
para que o sopro ajude os remos

e a guerra adie o remorso
dos reis e da massa ímpia
no cenário heroico do ofício.

III

Sem a calma não haveria
Ifigênia nem sacrifício,
pois só o vazio perverte
o ritual grego do ofício.

Não coloca guerreiros na praia
um rei prudente. Paga em cheio,
paga caro tal coração, ansioso
da ambição que o parte ao meio.

Os deuses sempre cobram juros
antecipados dos guerreiros,
antes de recobri-los de ouro.

Cobram a honra corpo a corpo,
com a vida, cada história, cada joia,
para tornar-se herói em Troia.

IV

Não há vento que não devolva
náufrago, herói ou derrotado.
Voltam, com troféus e saudades,
pelo mar já antes navegado.

Chegam devagar, com medo do passado,
chegam sem pressa, para adiar o presente,
chegam cansados de pressentimento,
como se fossem, na presença, um ausente.

Não voltam isentos, chegam exaustos,
por combaterem ao mesmo tempo
deuses, adversários e a si mesmos.

Chegam cansados demais, para
amar, no retorno, o que deixaram,
e esquecer o que jamais conquistaram.

QUADRAS DOS VENTOS DA *ILÍADA*

I

Os deuses e os ventos da Grécia
carregam em suas asas pesadas
cruéis intentos e heróis corajosos
vestidos com sonhos e adagas.

Destinam-se a vingar Helena,
trazendo-a de volta à cena
como pretexto de buscar a fama
no culto protegido por Athena.

Não distinguem o que buscam na partida
do que enterram no retorno da jornada,
pois ser grego e ter a ambição da fama
é o mesmo na batalha, um só emblema.

Reis, generais, sacerdotes e soldados
são gregos de Esparta até o Hades,
confundem o herói com a morte
e o fim com a imortalidade.

II

Maus presságios
e bons ventos
arrancam do herói
doces intentos.

Entre a partida
e o acontecimento
os deuses matam
a contento.

Não bastou
sacrificar Ifigênia,
é preciso trazer
Pirro ao evento.

Desde a Grécia,
a fé só produz meninos
que confundem glória
com pressentimento.

III

Para o bem ou para o mal
do meu entendimento
Aquiles nunca se tornou adulto
com Tétis, por mãe, no culto.

Foi herói na matança
e o melhor amante da Grécia.
Morreu sem juntar as cinzas
de uma sublime promessa.

Afinal, o que querem de nós
o Deus uno e os olímpicos,
afagar na dor os seus ciúmes
ou afogar os nossos ímpetos?

Assim, armas e varões hei de cantar,
no mar, minhas lágrimas vou jorrar,
de Troia jamais me esquecerei. Lá
tenho meu corpo e o que nunca mais serei.

O LOBO DE ESPARTA

É preciso consumar
um ritual de dor
com a sentença
de Agamenon.

Quando o lobo
vinga-se de si mesmo,
produz a maldição
da glória boba.

Ifigênia não desperta
com o beijo do príncipe,
mas com a certeza
do sacrifício.

Ninguém,
nem Ifigênia,
é inocente
na felicidade.

A MURALHA

Não há herói
quando se volta
da batalha.

Nem Ulisses
aos braços
de Penélope.

Herói é o que
se funde
na muralha.

Muralha, orgulho
e símbolo do poder,
que guarda ileso.

Ninguém se apega
a um monumento
reduzido a pó.

Só há memória
do esplendor,
sem dó nem dor.

Heitor morto,
no campo de fora
do muro intocado,

deixou menor
a Príamo,
no abrigado.

Só Heitor foi digno
de Aquiles,
e esse, do destino.

E desse feito,
a muralha
é o efeito.

POÉTICA

Poética?
Uma pinoia.
Tanta poesia
e só uma
inspiração:
Troia.

Poética.
De Aristóteles?
Basta Homero:
deu razão
ao chão
dos fatos.

Olhar de luz
sobre o solo
castigado,
toda a poesia
é um caos
doutrinado.

O EGO DE TROIA

Não era defender Helena
o ego maior de Troia,
era erguer sete camadas
de muralhas na História.

O que se constrói
constrói a identidade,
que transcende
o que Troia destrói.

Helena não foi a mesma
imagem da beleza
depois que um cavalo
de pau, ridículo e oco,
rompeu a fenda
que a muralha ofende.

Depois do círculo
corrompido, Helena
tornou-se a primeira
burguesa do Ocidente,
de volta ao lar monótono
de um Menelau,
insosso, na realeza.

O CÓDIGO DE HELENA

O primeiro cavalo de Troia
que entrou em cena
foi um ardil de carne
e beleza chamado Helena.

Enquanto a guerra
tais heróis encena,
em cercos, batalhas,
sepultamentos,
lágrimas de sangue
e testamentos,
nada encobre o brilho
do que engana.

Não sei se Helena conhece
o código que a enaltece:
dar início a uma luta
que antigas razões enluta.

Hoje, o que se canta, heroica,
ainda é Troia, não a troika
que envergonha. Não há Helenas
nem Aquiles. Há diplomatas, apenas.

Não há prudência
que desviasse Helena
do seu destino,
de olímpica consistência.

Não há Helenas
em nobre cama,
como antigamente,
para justificar uma guerra,
como aquela, que o amor
encerra e o coração reclama.

Há interesses, apenas,
em torno da Terra
e do óleo que se derrama.

Hoje não há cavalos ocos,
há engenhos minúsculos,
que se inventaram
para poupar tempo e
tirar Heitor do confronto.

Há que derrotar Aquiles,
em qualquer parte do corpo.

Pobre nação a que precisa de heróis
e de homens inteligentes;
bem mais pobre a que não os tem,
nem por acidente.

Dizem, do trigo que Troia
tinha em torno
e dos Dardanelos
que impediam
as barganhas,
serem, mais que Helena,
causa de um cerco
que se transformou em lenda.

Cassandra cumpriu
as profecias.
Irritou cunhados próximos
e aqueus distantes,
para que uma só Helena
desse início ao que a luta acena.

Não houve nos vindouros,
nem no século XX,
mulher que tenha, tanto,
ultrapassado o limite da beleza.
Nem a Madona
de Da Vinci,
nem qualquer outra
Afrodite, pois só
uma deusa se expande
no território
do que assiste.

E foram esses os encantos
raptados de Helena,
maiores do que a lenda
diplomática da contenda.

Todo tirano, ainda que oco,
volta à cena para dar o troco,
num eco que não se oponha
à insônia nem ao sonho.

Só a *Ilíada* mostrou
que a História
não morreu.

Está de volta
com o Código
de Helena,
misteriosa poesia
que o tempo amplia.

A ESCOLHA

Entre Aquiles
e Helena
não sei
o que mais
engana.

Se a dor
profunda
da amante
profana,
se a fábula
heroica
que introduziu
na carne a fama.

Perco-me
na balança,
sem justiça,
dos enganos.

Perco-me
no contexto
da honra
e da indulgência,
quando deposito
os dons de poeta
aos pés de ambos.

Ser homem
é escolher
entre os dados
do destino
o que melhor
afronta
a natureza
humana.

Não é chorar
quando pressente
a morte
antes da escolha.

O FIM DA UTOPIA

Um barco
pode ser um barco
na distância.

Não o distingo
de um náufrago.

E isso me proíbe
de ter certezas
na esperança.

Só reconheço
o que está em frente.

Não distingo
o perfil do ausente,
tornei-me um São Tomé
com o pé no presente.
Perco a cada dia
os óculos da utopia.

Será descrença,
velhice ou melancolia,
isso de afundar
no mar Egeu
o barco denso,
e não deixar
navegar
o marinheiro,
no lugar
do náufrago?

A MORTE DE HEITOR

Quando o sangue
salgou o campo,
Heitor, exangue,
pagou com honra
o cálice do exemplo
que Júpiter
não soube opor
ao ardor de Aquiles.

Nunca uma cidade
untou mais prantos
no corpo de um eleito.
Nunca o vento sudoeste
silenciou sobre
um defunto
como o suspiro de Troia
sobre a face
de um filho
sem defeito.
Mulher alguma,
como Andrômaca,
vestiu seu luto
com lágrimas de pedra,
sob as pálpebras
de Troia.

O uivo de Príamo
ainda ecoa profundo
no ouvido aqueu.
De um deus vencedor
só faltava reaver o corpo

para dar ao morto
funeral e conforto.
Para tanto, humilhou-se
o rei, de joelhos
sobre a pedra e o relento.
Para que Aquiles
desse de Heitor
o corpo e a alma,
que todo pai carrega
como troféu da dor.

Não foi, por certo,
um cavalo de pau
que derrotou Troia,
foi um corpo
despojado
de honra e glória
no lado degradado
da vitória.
Mas nessa história,
de ambos conhecida,
guerreiros e heróis
dançam no Olimpo
o mesmo tango.

Não sobrou um perdido
nem o outro, dançarino.

O destino de Aquiles,
nuvem espessa
de presságios,
já proclamava seu exílio

para um campo
mais profundo
que a guerra cava.

Um herói
só se desterra
no poema.

PÁTROCLO

Frágil,
por amor,
cavalgou
entre ferros.

Não mediu
obstáculos
quando se
armou
de Aquiles
e conduziu
os fatos.

Trágico,
morreu
como
os fados.

Se houve
um Pátroclo
na história –
foi em Troia.

Insepulto
com a glória.

O MINOTAURO

O meu amigo
mais antigo
cortou o fio
de Ariadne.
Virou o rei
do gado
e de outros
deuses,
recriados.
Só não explorou
petróleo,
que repousava
longe,
no mar
salgado.
Como o touro
ficou pesado
e com o ouro,
abezerrado.
Não é mais
o potro encantado
de antigamente.
Nos velhos pastos
encontrava tudo
o que alimenta,
e alimentava todos
que encantava.
Mas os doces
deixaram-no
amargo,

as ostras
produziram
gotas.
E o amor,
que é o amor
e a amizade,
será a virtude
das saudades
imprestáveis?

ULISSES NA REDAÇÃO

Leio *Ulisses*
sentado no trono
como um rei
atento.

Entram os elementos
sai o excremento.

Assim,
em plena madrugada,
me alimento
do melhor
que o invento
literário vazou,
e a História
revela-se
o declínio
das esquadras
invencíveis.

Toda redação
em Dublin
é uma *Odisseia*
frustrada,
não sabe cantar
uma história
decorada.

O que conta
é o pão, pão,
queijo, queijo,
com a clareza
de um monograma
criptado.

Ulisses não
tem culpa
de nada,
nem mesmo
do corno
que a distância
torna adorno.
Herói não
tem chifre
no retorno,
só presta contas
do que mente.

Quanta coisa
aprendo
no intervalo
do sono
lendo *Ulisses*,
sentado no trono
de uma rainha
beligerante.

De dia é
mais difícil
assimilar
tanta linguagem.

Em pensamento,
literatura
e sexo
têm hora
marcada
no firmamento.

Ninguém lê
em vão,
nem trepa
durante a cena.

Para cagar,
há sempre
uma edição
de *Ulisses*,
mais recente.

O RETORNO DE ULISSES

Prólogo

Ulisses, sabemos,
retornou de Troia,
por mares
de outra forma
navegados,
para vingar Penélope,
usada e ultrajada
por armas e efebos,
sem honra,
assinalados.

Voltou para limpar
a Aurora rosada de
Ítaca, sua ilha e filha.

Não buscava o épico,
seria ridículo
versejar dodecassílabos,
antes que Homero
inventasse o Grego
ou Joyce
o autodegredo,
buscava o apócrifo,
única forma de devolver
o verso ao avesso
do pessoal universo.

*Não pretendo
que o longo
do percurso
aborreça
a quem
esta história
ofereço,
pois o mais
é conhecido
da infância
e da humana
tragédia
vulgarizada
na Wikipédia.*

*Também não busco
inovar o poema
mais percorrido
da memória antiga
até o nosso dia.*

*Busco a fantasia,
que a todos
naufragia.*

I

Nunca o sol
coloriu uma bunda
como nas areias
de Ítaca,
nem os traidores
puseram um cinza
tão odioso
no pus do adultério.

Ulisses retorna
para devolver
a Penélope
o falo de ouro,
e para que seu filho
Telêmaco
revolva,
como homem,
os lençóis
do ultraje.

II

Com hábitos de cais,
nas calçadas de Dublin,
o outro navegador
abocanhou o pólen,
sabor de pêssego
e voluptuoso luxo.

Engasgou-se Bloom
na espessura da esquina,
sem desculpar-se,
pois é fácil confundir
os gatos na neblina.

Na melancolia
tudo se embola:
antropofagia e
androginia.

Na miséria
do corpo
é difícil
um hebraico
distinguir
um garfo
do profundo
esôfago.

III

Ao contrário,
não há dândis
no mar Egeu,
tudo, ciladas
de escorpiões
marítimos,
machos

da popa
à escotilha,
onde algas
de veludo
mantam
a majestade
no exílio.

Voltar é
liberdade,
após uma
batalha,
com estilo.

IV

Não difere o sol a pino
da sombra carrancuda,
quando Delfos
anuncia a catástrofe
de um calcanhar
em sua estrofe.

Ulisses ronca
pelas vísceras
da vingança.

Não mais importa
a Troia seduzida
nem a da sétima
camada.

Só há memória
da lenda
que se torna
história.

V

Depois de Helena,
sereia não seduz
homem de barba curta,
ainda que esmerilhe
seu rabo de ouro
em rochas de pluma.

Até quem pia pios de sabiá
não mais encanta,
embora seduzir seja
obra de quem canta.

Ulisses passa incólume
amarrado ao mastro.
Prevalece ser casto
e virtuoso, pois recusar
também é viril,
de mastro em mastro.

Mais forte que o canto
seria o ímã de Calipso,
mas o que retorna
volta com ventos
e deuses próprios,
canta mais forte
que a sedução
dos pios olímpicos.

VI

Ulisses distingue profecias,
das mais sábias poesias:
só as brisas de Ítaca
oxigenam testículos
tão cansados.

Náufrago disfarçado,
nas areias da ilha,
confere a quilha
com virtudes ocultas,
mas romperá o manto
amante e de púrpura,
apenas ao cruzar
o casto portal
do palácio de ouro
e provar que o amor
tem raízes.

Mas antes, socorre-se
no lodo da fidelidade:
um criador de porcos.

Seu filho regressado
de informações
o encontra sem discerni-lo,
até que, confortados
um no outro, empreendem,
com espadas, o retorno.

Hoje pó, o herói está por lá,
deixado qual pedrinhas
espanadas
por doces mãos
arqueológicas. Pudera.
somente o satisfeito amor
torna eterno o que só era.

Ulisses dispersa
com Telêmaco
o sêmen da memória
diante dos escravos
e dos eminentes.
Percorre cada sala
da sua ausência,
com o colorido jorro
transparente.

Fecunda até as paredes,
mas não gera um novo
descendente, pois o
próprio lhe foi suficiente.

Penélope goza em silêncio,
como convém a uma rainha
inclemente. Goza, arrependida,
no profundamente.

Este autor, meio inocente,
quase morreu no sol a pino
por escalar inutilmente
o sítio arqueológico
da lenda desse rei
onipresente.
Debilmente, não chegou
aos altos píncaros da
escavação de um monarca
vingador, agora morto e,
para sempre, impotente.

Como os apóstolos,
na sombra de uma oliveira,
poupou-se o narrador
do sol fulminante
para que se lembrasse
do quanto Ulisses está
distante na presença.

É preciso ser forte
para ser consolado
no presente
com a sombra
do passado.

VII

Antes, na aventura,
o divino Ulisses,
embora longe e errante,
tinha presença
e consistência.

Não houve tempestade
que o intimidasse,
nem dragão ou veludo
que o engolisse.

Dos naufrágios sempre restou
como o pau mais navegante.

Deu em ilhas que melhor
não dera, mas sempre
safou-se igualmente.

Pior, em todo o percurso,
era lembrar-se de Heitor,
herói de outro verso,
morto, com a honra maior
de ser morto por Aquiles,
não por outro, como ele.

VIII

Alguns filhos
buscam em si
os pais
mais do que
a eles.
Sabem,
com dúvidas
de chumbo,
distingui-los
no horizonte.

Mas só a mãe atesta,
com clareza, a ausência
e a ascendência.

Telêmaco não foi pródigo.
Ficou na distante tenda
o tempo todo da contenda.
Onde se vê despido
de honras e patentes
por pretendentes,
indecentes,
da mãe majestosa.

Insuflado por deuses
que alentavam sua mente,
partiu em busca do rei,
seu ascendente.

Não importa,
se vivo para a desforra,
ou morto, para a funérea
honra que merece o ausente.

IX

Paralelamente,
Ulisses retorna,
pré-potente.
Inunda de esperma
o ambiente
e, na volta,
os descontentes.
Rasga a cor
das paredes
com os dentes,

confere adegas
e o ouro deixado
para o descendente.
Olha para a bunda
das escravas
ítacas e intactas.
Distingue os varões
do covarde,
antes de puni-los
com alarde.
Não há retorno sem sofrimento.

Ulisses contempla Penélope,
e nela, o pudor do leito.
Penetra-a como um rei,
depois de conferir a dor
e arrancar do chão
a própria cama, já
impregnada de raízes.

X

Viagens longas e ferozes
se fazem com ouro e bons conselhos.
Assim, ao lado do que se narra,
mas bem depois de Príamo se expor,
com lágrimas de rei,
perante o vencedor,
partiram Telêmaco
e o filho de Nestor
no encalço de Menelau
e o que a vida lhe ensinou.

Velozes comedores de estrada,
os corcéis da biga trazem-nos
ao casal mais notável da Antiguidade.
Sem saber de suas nobres origens,
Menelau, por deveres hospitaleiros,

convida-os à mesa principal.
Fala de Troia, do mal que deitou
à terra heróis de pouca idade.

Fala de Ulisses, seu ego destronado,
sua imagem de ouro
no céu estrelado.

Só Helena, sagaz na maturidade,
percebe as lágrimas telemaicas,
reveladas nos detalhes
pelo filho de Ulisses
com o filho de Nestor ao lado.
Tudo é lágrima
na ausência do pai amado.

Menelau reveste-se de sabedoria
mesmo tendo Helena ao lado.
Descreve a rota, fala dos rotos,
ensina maremotos, só tem medo
de falar dos mortos, inclusive
do Aquileu, fulminado por Alcion.

O filho, assim ensinado, remete-se
ao destino para si programado.

O poeta que vos narra
tenta rimar o passado,
com a Ilíada e a Odisseia
ao lado, pois no Google,
só encontra dados
desarrimados.
Confesso que se assustou
ao ver Helena sentada
com a postura assentada
de uma grega
na melhor idade.

*O rei tratando-a com o solene
amor que o tempo resguarda.*

*Helena não mudou a História,
mudou a maneira de contá-la.*

*Voltemos, contudo, ao que nenhum
romance posterior enquadra.
É mais fácil emparelhar a Eneida
ao carrossel de Homero,
que imbricar a epopeia de Ulisses
na prosopopeia de Joyce.*

A tragédia de um só turno a nós engana.

*O percorrer de um dia, inda que inteiro,
pelo homem de gravata, é deselegante.*

Só o que os une é o destino e a literatura.

Em cada plano, pelo menos na Irlanda,
a literatura exuma mesas,
de almoço e redação,
funerais e camas, ambos,
de amor e redenção.
As mesas lautas de Dublin,
e as libações que tornam a alma
desumana, mesmo quando,
logo mais, acompanhando-se,
acompanha-se um enterro,
percorrendo a cidade,
sem qualquer deus
que nos atormente

ou algum que nos proteja da corrente
humana, são mais penosas que o navegar
do retorno por que passou Ulisses,
depois da guerra onde a virtude helênica
corrompeu a resistência troiana.

Joyce é contemporâneo. Resume
o naufrágio em terra firme.
Não embarca em umas, desova no mar
o que se toma, na cama, o que se come
e, na morte, o que não retorna.

A trajetória de Ulisses é mais consistente,
a de Stephen Dedalus, mais indecente,
pois sobejam dândis na Troia da Irlanda.

XI

É mais fácil imaginar o pai
no buraco eterno da morte,
do que vê-lo furar o olho
de um monstro, heroicamente.

Telêmaco sai para sobreviver,
melhor buscar-se na ilusão,
do que confortar o opróbrio
da mãe, num leito ignóbil.
Ver o vilão a consumir adegas,
e o ouro derreter num coração
de pedra; sentir a doce mãe
se consumir como um espólio.

Enquanto Penélope
se estiola na dúvida
qual um repolho,
Telêmaco parte,
mas não embarca
na ilusão, parte
no orgulho.

Creio que, hoje,
os jovens não apostam
no destino; jogam
suas fichas no videogame.
Desconfiam dos deuses
olímpicos e límpidos,
por temerem um Deus único.
Mijam fora do penico
por medo de parecerem
ingênuos. São orgulhosos,
de um orgulho sem veneno.
Não procuram o pai
no outro oceano,
nem no terreno baldio
ou no inverno. Preferem
buscá-lo, inteiro,
no sofá do inconsciente,
ou, pelo meio,
na conta-corrente.
Só há três pais
no *browser*
contemporâneo:

o do demônio,
o da ausência
e o do patrimônio.

Telêmaco era mais puro,
buscava-o por penitência.

O VERDE DE ÍTACA

I

Poesia é ver o verde
transparente de Ítaca.

Onde a arte é o náufrago
de sua identidade.

A poesia é verde
e existe.
Segundo Borges
que *dixit*.

Um amigo que a morte levou
antes de haver sonhado,
dizia que o verde é excitante,
por certo para se exibir
depois de haver folheado
um livro de Garcia Lorca.

Nunca mais tirei o verde
das minhas circunstâncias,
mas preferia que fosse
a cor dos meus olhos
e não esse jeito de ver.

II

Não gosto do verde
em artes gráficas,
não gosto na forma,
nem nas artes práticas.

Deixa triste
o que se quer dizer
e diz tristemente
o que procura ver.

Gosto do verde
que Ulisses viu
na paisagem
do retorno:
o verde do verde.

Verde que escapa
na paisagem humilde
da eternidade.

Verde que resguarda
a mulher amada.

Verde que prenuncia
vingança armada,
não o verde abacate
colado num papel,
sem ferocidade.

III

Que outras cores
haveria de cantar,
se o verde, que vigia,
já cantaram Homero
e Garcia Lorca
em areias de
nostalgia?

Tenho compromissos
infantis com o azul,
presa de fantasias
omissas no papel.

Mas ninguém
furta-se ao rubro,
quando a paixão
se acerca
de um poema.
Que pena!

O sangue se esgarça
no correr da cena.

O amarelo insinua,
só, os raios do sol,
para aquecer o poeta
quando esfria a pena.

Mas de que valem
estas estrofes

de mornas cores
e vadias rimas?

A única cor
que traz o fulgor
do verde é o branco,
quando prenuncia
o escuro da vida
que se adia.

O ENIGMA DE PENÉLOPE

Resumo do que fui,
herança que não frui,
estorvo do que acossa,
dor que atravessa,
filha que na defesa
indefesa se esgota,
Penélope-me na cítara
e confesso:

melhor a morte
do que a presença
escassa,
maldita a sorte
da ausência
que não cessa.

Meu corpo
não esquece
quem o aquece,
pede complacência
por esse ardor
que difere
da prudência.

Que mulher,
oh, deuses,
se preserva,
com pureza,
nas ausências?

Ulisses, meu rei,
não era apenas
presença,
mas um punhal
de prata
e prazer
prometido
de nascença.
Que mulher,
oh, deuses,
se abstrai
da concupiscência?

Só aos homens
os deuses reservam
prazeres maiores:
a glória
e a amizade
na guerra.

A DÚVIDA DE PENÉLOPE

Seria Ulisses,
o amante
percorrido
no passado,
ou outro embuste
a pretender
o legado?

Como saber,
ao lado
de um leito
tão sagrado?

– Eu me casarei
com quem
mudá-lo
de um lado
a outro
para que
se olvide
o tempo decorrido
e me devolvam
o passado.

Todos tentaram,
sem lograr,
que um palmo
do pesado leito
se descolasse

do chão profundo,
até que um estranho
convidado
de si mesmo
confessou:

não posso.

Por quê?
Os pés desse leito
têm raízes
mais fundas
que tal fardo.
Não há rei
que possa
arrancá-lo
de sua
consistência.

– De fato és Ulisses,
herói na luta
e penitente
no exílio.
Retorna, pois
ao leito
que ofereço
e onde me deleito,
fiel ao manto
que desfiz,
sempre e tanto,
para ser fiel
ao encanto

do retorno,
com que sonham
todas as gregas
no desconforto.

TROIAS GÊMEAS

Gemem no chão
de Manhattan
as Troias Gêmeas
que um cavalo
de aço abateu.

Frágil estrutura
de uma oração
prepotente.

Foi o mais belo
espetáculo
da televisão,
sem Homero
para fazer
a narração.

Vi ao vivo,
com estes
olhos literários,
da sétima
à vigésima camada,
ruir o credo.

Muralha de pó
no concreto
da calçada.

DEUSES AQUEUS

I

Entre a nobreza de Heitor
e a beleza de Aquiles,
menor é a mão dos deuses.

É grega a equivalência
que embeleza a vitória
sem enfear a derrota.

Deuses são adornos,
o que enobrece o herói
é a dor de quem peleja.

II

Não há veneno maior
do que o ciúme
dos deuses.

No Olimpo, só almejam
baixar da imortalidade
ao terreno baldio da carne.

Apaixonam-se para
provar, por tabela,
a condição humana.

III

Tétis, mãe de Aquiles,
ardia entre o incesto
e a imortalidade,

desejando ao próprio filho
um destino impotente
no tédio da eternidade.

Aquiles preferiu apenas a glória
que o destino, aos mortais, reserva:
de carne, osso e humanidade.

IV

Em seu carro alegórico,
Zeus parece desfile
de escola de samba.

Faz estragos, intriga,
fere e interfere
nos quesitos da batalha.

E confere, antes do fim,
medalha ao herói, que,
no derradeiro, falha.

V

Admiro os deuses
diversos
do Olimpo.

São numerosos,
sensuais
e perversos.

Não são retos
como o Deus único
do Universo.

VI

A nobreza grega é de carne
e beleza. Não à prova
de um deus que a inveja.

Homens querem
ser deuses
e vice-versa.

Estranho desejo
que o avesso
atravessa.

VII

Os doze deuses
do Olimpo
e os onze
de menor porte
na ordem
teocrática
ocupam-se
dos homens
com detalhes,
mas descuidam-se
da pólis
democrática.

Não há metafísica
nas tarefas
de Zeus,
pois a morte, no
final refúgio,
transcende
o que a essência
entende.

IX

Boa-fé
abotoa
a fé.

Afeta
a toada
da festa.

O cavalo
atesta
a fresta.

TITANIC – A NOVA ODISSEIA

Só aproveita a viagem
quem navega na miragem.
Por isso, e com essa imagem,
flutua no Ártico, congelada,
como se o peso não pesasse
na gravidade da água,
a única nau frágil que navega,
com passageiro e bagagem.

Parece um fantasma, na ilha
da pálpebra embaçada,
quando abre a escotilha
na colina do mar, iluminada.

Enquanto outros navios
naufragaram no tempo,
no mar raso da memória,
o *Titanic* permanece isento.

Não morre quem não morre
no pensamento. Só desaparece
na fenda profunda do oceano
quem é menor do que o evento.

O *Titanic* chegou, como Ulisses,
ao seu destino de glória, concordo.
Mas sem ancorar no porto da história,
pois já levava Penélope, a bordo.

EPÍLOGO

Arrebatado da mãe
pela morte
e da vida pela sorte,
Aquiles trilha
o último norte
que a alma percorre.

Indicia-se
no estigma
do amor,
pois deixa a glória
para o vencedor.

Com Pátroclo
se recolhe na vitória
sobre a dor.

O Hades de Aquiles,
Dante de Fausto
e do Conselheiro
está em Dzeus.

Onde uma nobre senhora
transforma a justiça
em misericórdia.

E se a violência não for isso
a *Ilíada* não tem sentido
e Canudos não teria sido.

CANUDOS

Canudos não se rendeu. Exemplo único em toda a História, resistiu até ao esgotamento completo. Expugnado palmo a palmo, na precisão integral do termo, caiu no dia 5, ao entardecer, quando caíram seus últimos defensores, que todos morreram. Eram quatro, apenas: um velho, dois homens feitos e uma criança, diante dos quais rugiam raivosamente cinco mil soldados.

Euclides da Cunha

Não quero narrar
nada novo,
apenas revelar o ovo.

A MURALHA

Vivo entre
dois muros.
Um de pedra,
o outro
de túnica.

Num,
resguardo
Helena,
do outro
o Conselheiro
me acena.

Sou Ocidente
até a medula,
por insistência
da gula.

Mas, de repente,
o sertão
me ensina.

O CONSELHEIRO

A CORAGEM

Seria apenas pálido,
com a túnica
sobre o abdome.

Só era branca
por comparar-se
à do Santo.

Guardava balas
de prata
nas prateleiras
do recanto.

Tinha a coragem
de um tigre
na magra imagem.

Era do mundo,
e dessa terra
não se muda.

Praticava
com os mudos
a muralha
de Canudos.

Ai de quem
cutucasse
o Templo
de casebres.

A AVENTURA

Cada homem
é sua aventura,
solidária loucura
de atavismo,
delírio
e catolicismo.
Se a paranoia
veste branco,
será negro
o destino.

O DNA [[A GÊNESE]]

Maciéis e Araújos,
mortais profundos
do sertão,

circulam no sangue
espesso
do Conselheiro.

É essa a gênese
breve
de um guerreiro.

A ESPOSA

Na bélica herança
da paterna
temperança,

Antônio Vicente
Mendes Maciel
despenca

da claraboia
de uma esposa,
só tormento,

que o deixa
na vergonha,
raptada

por um
apessoado
sargento.

O IDEÁRIO

Percebeu o veneno
que aturdia o vácuo
coletivo das almas,

sem tornar-se
ridículo
nem vulgar.

Confere
à caravana
retrógrada

castidade,
amor livre
e apostasia.

Horror à beleza
que satã
produzia.

Pobreza, para aliviar
o peso temporário
do que se possuía.

O LÍDER

Na insânia
da barba inculta,
seduzia.

Em todo espaço
que percorria,
insano consumia.

Prendeu no obscuro
a sombra e a alma
do semelhante.

Resumo de raças
impuras, cresceu
no ímpeto
e na loucura,
fez da história
a história sua.

Tudo despiu
com veste humilde,
jamais dormiu
em cama. Não
houve abrigo
que o cobrisse.
Alimentava-se
de rezas
e da admiração
que ninguém
despreza.

A PRISÃO

Prédicas
são espadas
da ignorância
jogadas no poço
da mais pura
esperança.

Foi preso
sem medo,
indefeso.
Defendeu-o
o povo
azedo.
Voltou
com desdobrado
enredo.

A PROFECIA

Da bíblica
penitência
do sertão

Antônio Vicente
desmente
a razão.

Purga-se
demente,
com concisão,

e inscreve-se
na Ata
do profeta.

A TROIA DE TAIPAS

A infeliz Canudos nos inaugura
como Troia inaugurou o mundo,
com um cerco igual à ofensa.

Com a paliçada de taipas,
imaginada no mito,
cercaram-se o herói e a crença.

Não engoliu a sentença
cheia de chumbo,
para tornar-se lenda.

A MIRAGEM

Euclidianos, nossos pais
ainda perduram
na cotidiana memória.

Descrevem a exata miragem
da terra, do homem e da luta
com ordem no que contam.

Um velho, dois maiores,
e uma indefesa criança
sem que Aquiles os defenda.

Crença ou coragem
do herói e do santo
na mesma engrenagem.

SÃO BOM JESUS DA LAPA

Prenhe
do bandeirante,
o vaqueiro
dá à luz
o jagunço.

Na gruta santa
da ribanceira
de Bom Jesus da Lapa
o monge convive
com a onça.

O guerreiro
troca a espingarda
pelo perdão,
mas retorna
à luta
impenitente.

Com o cangaceiro,
e demais feições
que o rosto abriga,
ancora em Canudos.

A TERRA

DA ATMOSFERA

A terra
é também
um átimo, esfera
perpendicular
ao horizonte
em que
se expressa.

Terra seca
não tem pressa,
mas se arremessa.

Tem largueza
e cabimentos
de gente anexa.

Tem plantas
que geram frutos
da inércia.

DE DENTRO

Terra de dentro
não tem palmeiras
na veemência.

Nem sombra
suficiente
para a inclemência.

Sem fotografia
é impaciente
como a lente.

É terra
de engenheiro
que a descreve
com prudência.

E mesmo
com gente
não é mais
condescendente.

Só respeita
o descendente
árido
de quem
é gente.

Terra de cactos
é arisca
no relacionamento.

Mas concede
o sumo
do que nega.

DA GEOGRAFIA

Despida de grandeza,
desce os degraus
com aspereza
para tornar-se
a caatinga tesa.

Desce o do Chico
no plano e
na final escarpa
para ser o que é,
quando desce.

Xistos metamórficos,
metáforas antropológicas
nos veios venais do ouro.

Quando se extinguem,
soterradas,
as cordilheiras
tornam-se nada:

"A terra, porém,
mantém-se elevada".

Planuras são o vasto,
estirado na cama
de um mar sugado.

DA IMAGEM

Sertão é o crivo selvagem
de uma caótica drenagem
na face humana e na imagem.

Quando o elemento aparece,
qual mulher que fenece,
já estamos no agreste.

O martírio da terra
geme no som das sanfonas
dos maridos e dos verões.

DA AMÉRICA

Parque jurássico,
de cataclismos,
exposto ao sol.

Onde as areias
saem das águas
integra-se
a América
sonolenta.

Deserto, em fervura,
resiste ao flagelo
do terror que suaviza.

Cidade é o que se mede
"Nos tetos incontáveis
dos casebres".

DE DANTE

É quando a noite
nos abraça, gélida,
sobre a pele tórrida.

Quando os cúmulos
acumulam a humidade
e nos afogam no deserto.

Estamos na descida,
com Dante, do fogo ardente
ao congelar-nos de repente.

DA SECA

A seca é onde
nada sobrevive
nem se deteriora,
sem gênese,
mas com hora.

Seca são ciclos
menstruados de sol
e sangue ressecado.

Por isso a caatinga afoga
num curso chamado légua
que só começa e não leva.

É a primeira vez que a luz
concorre com as trevas
num infernal decreto.

Sobrevive apenas
o penitente do purgatório
com a sentença adiada.

DA GEOLOGIA

Onde os arbustos
insistem na vida,
onde do nada
faz-se água,
a geologia
que vejo
é paciente
e forte, como
o sertanejo.

De Pirapora
à cachoeira
onde deságua
a espinha
aquática
do brasileiro,
o Rio com a veia
acesa, ora,
e aberta, corta
todas as terras
que o mar aflora.

Um deserto
semiárido
que a noite
congela.
Do juazeiro,
nesse inferno,
brotam seres

que o solo preserva,
arbustos altivos
como os mulatos
do Rio de Janeiro.

Mas vem a borrasca
insana e destrói
o canteiro.

Num sol tudo
ressurge
por inteiro.

A natureza se entende.

"Só o homem
produz desertos."

O HOMEM

HOMEM EM PÉ

Chega de natureza.
Vamos ao homem
que em pé despenca
e na luta se levanta.

Vamos ao homem
sutil como a planta.
Tão meigo
que mesmo o inimigo,
com fúria, espanta.

A MÁSCARA GELADA

Em qualquer carcaça
o homem retrata o homem.
Não importa se a máscara
nos engana ou nos rechaça.
Não há em toda a prosa
conhecida e lida
coisa mais linda
que uma foto escrita
por Euclides
em cima da caatinga.

Com igual
beleza
e aspereza
de um sol
que no alto
aquece
a alma.

A morte,
de noite,
nos congela.

Tanta e rude
é a certeza
que mesmo
Dante
se apiedaria,

ao percorrê-la,
de ver os que
se aquecem
no gelo.

"DE HERÉTICOS E RELAPSOS"

Na teologia
da ribanceira
do rio lenda,
bandeirantes,
jesuítas
e vaqueiros
deixam
no solo
o brasileiro
vagaroso,
que surgiu
nessas paragens
de três raças
e do vento,
num exílio
"de heréticos
e relapsos".

O vasto presídio
do medo.

O PAULISTA

Do ouro,
descoroçoado,
o paulista
cria o gado
no sertão
a que se apega
e volta a ser
o homem
macho
de antigamente.

Confunde-se
com o baiano
de sempre,
pois o sertanejo
"é antes de tudo
um forte".
Se é raquítico,
o mestiço
não se furta
ao destino.

"Desgracioso,
torto e
desengonçado",
busca a rês
no espinhaço,
o inimigo
na sombra,

no além,
e para sempre,
à vida
condenado.

O MESTIÇO

Tem a histeria
do mestiço
e a fulgurância
do místico.
Na mente
enquanto
o corpo
transige,
surge a fera
de repente.

O GUERREIRO

Guerreiro,
assiste
ao desenlace
de cócoras.
Põe os mortos
sob a cruz
na estrada
e adverte:
não rateie
a prece.

A LUTA

O SOLDADO MORTO

Heitor, no ocaso, descansava,
com os braços abertos
por várias coronhadas,

sem um pai que o enterrasse.
Intacto permanecia
e lentamente se mumificava.

Tal rei, de um deserto
mais seco, em nordestino
ritual, se exumava.

Nem o cavalo de Troia
mofaria, como o soldado,
que, intacto, persistia.

NÃO É COISA DE MENINO

Não é coisa
de menino,
mas de adulto
no sol a pino.

Não é coisa
de mulher,
mas de macho
na noite fina.

Em Canudos,
contrariamente,
a guerra
a todos afina.

ENCICLOPÉDIA

Para o Conselheiro,
luta é uma enciclopédia
com verbetes.

Antes o deixassem
na leitura
da monarquia justiceira.

Quiseram republicar
o sertão
com o Exército na coleira.

Perderam três vezes
a dianteira, até calar
sua vida no derradeiro.

CIDADE FEIA

Só com fé
se faz uma cidade
feia.

Sem mesmo
a cal da moradia
derradeira.

Sem móveis,
sem cama,
só pólvora

na prateleira
do casebre
trincheira.

A REPÚBLICA E O FEITICEIRO

Uma República
inteira
não vale contra
um feiticeiro.

Tropa de cadetes
ingênuos
perante a cilada
permanente.

Nem mesmo
os de carreira
desatam o nó
da trincheira.

Generais
engolem
a poeira
da cartucheira.

PRIMEIRA EXPEDIÇÃO

É rápido
o espelho
do retorno
no tiroteio.

Jagunço
iletrado
usa granada
como texto.

Humilhada,
a divisão
retorna
do medo.

PRIMEIRA RETIRADA

Uma afronta
de madeira
sonegada
e retirada
à mão armada,
em tão banal
circunstância,
deu origem ao feito,
Canudos e
República
em confronto.

Duzentos homens,
do sertão
desabituados,
acordaram
numa cidade
deserta
de aliados.

O inimigo
matuto
só espreita
e aponta
a espingarda,
no dorso,
no rosto
e na bunda
do homem
sem calça.

Quando
se caga
de susto,
a batalha
já está
encerrada.

A expedição
retorna
ao portão
de entrada
de uma República
desprevenida.

MOREIRA CÉSAR

A terceira expedição
ou a lenda do soldado.

Retrato armado,
abraçado
à Constituinte,
Floriano
se afogava.

O triunfo
da mediocridade
gerou revoltas
no meio culto.

Moreira César
tributou-se
de méritos
com porte exíguo.

Parecia tudo,
parecia nada,
no limbo
da face.

Desequilíbrio é a arte
do ódio e da calma,
se num mesmo invólucro
gera a catástrofe.

FACE A FACE

No espelho, fardado,
o humano resultado
contrapõe-se ao fanático
do outro lado.

Convocado, o coronel
avança, com galardões
da República
e da esperança.

Tudo, de Canudos,
é vizinhança.
De Monte Santo,
em má hora avança
com turba
faminta
na terra
inóspita
avança.

A epilepsia
alimenta-se
de paixões,
escreve o mestre,
uma índole
criminosa
no subsolo
biológico.

CONFRONTO

A brigada de três armas
prosseguiu para Queimadas
com mil soldados em farda,
mas ataca-se ao atacá-la.

Quer cutucar Canudos
com baionetas
e os olhos míopes
de quem naufraga.

Por veredas
sem retaguarda,
chega ao sertanejo,
seu sangue, sua arma.

Assim constroem
trincheiras,
rasgando a terra
com picaretas.

Das bigornas
saem armamentos,
dos pulmões,
a própria alma.

Da terra
tudo tiravam
para fazer
a pólvora.

Guerreiros chegavam
às carradas
sob o comando
de João Abade,

mas com temor
da empreitada,
que pôs medrosos
em retirada.

A TÁTICA DO OLHAR

A fé não remove montanhas,
mas faz procissões religiosas
enquanto o Conselheiro
da cumeeira pregava.
Confundia-se o trovão
com o silvo do fuzil,
ou de simples espingardas
num improviso de táticas.

VAMOS ALMOÇAR EM CANUDOS

A galope o coronel
epileticamente fuzilava,
antecipando na febre
uma vitória triunfante.

Mas o sertanejo é um forte
e luta diferente,
com energia de outrem
para "viver exclusivamente".

Com o cérebro garboso,
a tropa prossegue
na vertigem perigosa
do sucesso.

Moreira é um César
sem guarda pretoriana,
junta o bom senso
a uma ação insana.

Derrapa na sombra
enquanto avança
e ordena: – Vamos
almoçar em Canudos.

UMA COLMEIA DE SERPENTES

Contra o demente que
a turba subjuga no credo,
um epilético carrega
nas costas a tropa.

Estripou casebres
de seu conteúdo
enquanto batia
de bronze o sino.

Um caboclo tranquilo
percorre o espaço
entre a bala e a chacina,
"fechado" como a neblina.

Tresloucados de baioneta
introduzem-se na colmeia,
de ilusória fragilidade,
como a muralha de taipas.

Atrai-se o inimigo
ao ninho da arma frágil,
de uma serpente
que o espera.

A gente de Moreira César
desabava como as vigas,
amontoando-se no entulho
dos corpos com as espigas.

Verga-se ao improviso
da guerra sertaneja
no vilarejo.

CARGA AMARGA

Enquanto alguns da tropa
almoçavam em Canudos,
anfitriões os alimentavam
com chumbo salgado.

Cavalos estrugem
entre as casas
sem poderem cavalgar,
como Napoleão.

Em seu lugar de mando,
mais cavalgado,
o Coronel
dava brio
ao que olhava.

Uma bala furou-o,
mas aos soldados
afirmou:
– Não foi nada.

Permaneceu montado
até que outra bala,
descavalgou-o
do comando.

O PIEDOSO PÔR DE SOL

Longeou-se da batalha,
mas com glória,
enquanto a tropa
recua, desonrada.

A Igreja silencia
e os jagunços
proclamam
a Ave Maria.

Em seu leito
de morte,
o Coronel condenava
a retirada.

Em ambas as distâncias,
rezava-se. De um lado,
a ave-maria. Do outro,
Kyries estropiados.

ÚLTIMA EXPEDIÇÃO

CONVOCAÇÃO NACIONAL

Todos os exércitos
da nação se uniram
no céu e no chão
para derrotar
o insurreto
espantalho
do Sertão.

Os generais
disponíveis,
sargentos
mal formados,
praças
de qualquer
lado,
pelo brio
da pátria,
convocados.

Ai que enfrentar
geologia
calcinada
e caboclo
entocado,
um Conselheiro

aconselhando
a espiritual
manada.

A RESISTÊNCIA

No cimo da igreja,
manta azul,
tênue e rasgada,
desafiava
a República
recém-proclamada
e tudo mais
que a pátria
oficial
embarcava,
num comboio,
amedrontada.

Todos os canhões,
fuzis e metralhas,
com balas pontudas
e baionetas afiadas
para a glória
de reduzir
um sonho a nada.

Não canto,
por desperdício,
o que está
melhor contado
nas páginas
de ofício
do repórter
encantado,
resumo de

uma chacina
calculada.

Resumo no
acontecido
a glória
de um povo
esquecido
e inexpugnável.
Resumo,
para glória do
derrotado,
que nem em Troia
aconteceu
esse acontecido.

Morreram todos
mais todos,
na inesquecível
sepultura
da coragem.

Por isso, até hoje,
a história se encerrou
com a reportagem,
pois do Conselheiro
só levaram a cabeça,
o que, a seu modo,
em vez de vingança,
tornou-se homenagem.

CONCLUSÃO

Da primeira
à quarta
expedição
que enterrou
o povoado
e o fantasma
em prece,
só a morte
deu guarida
ao que não
se esquece:
lados que se opõem
quase por nada.

Toda guerra
é inútil,
mas torna-se
eterna na imagem.

Esta, de Canudos,
além disso,
virou reportagem,
a mais bela
jamais contada
depois da Guerra
de Troia.

TAHINA CAN

Quiere decir estrella grande
y luz vespertina.
Es una leyenda de los pueblos
del Amazonas

SANTIAGO TEJEDOR
Profesor de la Universidad
Autónoma de Barcelona

Elegías de Tahina Can
De Cuzco a Machu Pichu

Para

José Tornero
Santiago Tejedor y
Denis Ruiz
Tres generaciones
de amigos catalanes

PRIMERA ELEGÍA

El Ángel barroco
no es terrible.
Terribles fueron
los hombres.
Cargaron la Fe
en caballos
para abultar
la pequeñez
de la Fe.
Hacen por bien
lo que los incrédulos
hacen por mal.
Traen
bajo las mantas
de la piel
un animal salvaje
suelto en la sangre.
Pero saben
cantar canciones,
hacer versos
y erigir universidades.
Son cándidos
como la civilización
occidental.
Enseñan a los indios
los colores
de Tintoreto.
Hacen el amor
sin amor
con todas las vírgenes

del peñasco.
Sienten nostalgia
de la Tierra Madre
y de la madre
desterrada.
Son hijos
ejemplares
con espadas
vengadoras.
Por fin
dejaron
al Inca
sin sol
sin oro
y sin
mujeres.
Quitaron
a la descendencia
la paternidad,
siglos antes
de Freud.
Dividieron
para no confrontar
la belleza
de la unidad.
Sobre granitos
austeros
elevaron
el lujo
fulgurante
de la piedad.
Con rituales
de inviernos

grotescos
doblaron
las rodillas
ingenuas
de una cultura
superior.
Sí.
Todo hombre
es terrible
cuando cree
en Dios.

SEGUNDA ELEGÍA

Cuando llegué
a Tahina Can
les hablé
del olvido del otro
por el hombre
moderno.
Cuando salí,
solo pude hablar
del encuentro.
No sé
si el encuentro
que cuento
es el encuentro
de uno
o de un fervor
colectivo,
para usar
el sustantivo
mas preciso.
Tahina Can
es la hipótesis
de la amistad
que viene
de una fraternidad
más solidaria.
La generosidad
no nace apenas
del corazón,
algunas veces
surge del camino

rústico de la
organización.
Incluso
hasta un orden
injusto, yo creo,
puede ser mejor
que el desorden
caótico de los ciegos.

TERCERA ELEGÍA

Mientras las verdes
sombras del olvido
guardan granitos,
los hombres modernos
esculpen fieras
en la palizada
del mismo siglo.
Son parejas
las piedras incas
casi hermanas
en el sólido deber
de resistir al tiempo
y los temblores
del infierno.
No hay peso
sin gravedad
ni alma
sin hierro.
Ni hierro
sin errores.
El tiempo
fue sepultado
en su estado
de gracia
bajo el templo
del sol.
Inviernos de oro
lo escondieron
de la codicia
occidental

para dejar
el púlpito
de las terrazas
lleno de coca
y de flores.
Sin brujos
para ascender
el caos constante
del alma.
El inca
es un retrato
dorado
del sol,
dios ingenuo
de una emigración
atómica.
En todos los sitios
hay piedras
con razones
sin explicación.
Las habitaciones
son rectangulares
y las ventanas
trapecios.
El mejor retrato
del hombre,
después la cara
que edifico,
es una casa.
Flota en la montaña
un silencio
con ecos
nebulosos.

El hombre
se proyecta
solemnemente
en el abismo
de la eternidad.
No hay España
católica
que pueda
contenerlos.
La libertad
es el monumento
del hombre
formado.

CUARTA ELEGÍA

Una vez,
lejos
de la humana
convivencia,
un ángel
me preguntó:
– ¿De dónde viene
la poesía,
ese lenguaje
tan cerca
de nosotros,
los ángeles?
Viene de sentimientos,
respondí,
esas piedras
de carne y hueso
que se encuentran
en el camino:
del amor,
de la amistad
Y de la soledad.
Cualquiera
es una fuente
de palabras
catalogadas
con el rigor
desconocido
del espíritu.
Tahina Can
es una fuente

de esas piedras
preciosas
perdidas en el
precipicio
de lo humano.
Súbito fruto
de una emoción,
la poesía tiene
semillas profundas.
Vive como
una hipótesis
en el misterio
del hombre.
No sale con
las estaciones
del año
para visitar
la naturaleza.
Permanece encerrada
en su potencia
quántica.
La llave metafísica
de ese castillo
de niños encubados
es la inteligencia
amorosa.
Si estoy abriendo
demasiado
los cánones
de mi charla,
es que a cada
hombre
le cumple

una tarea:
la mía
es contar.
Por eso
cuento
con alegría
canto,
por supuesto.

QUINTA ELEGÍA

Eran dos ángeles
muy guapos,
uno de alegría y pureza
el otro solo belleza.
Eso no les impedía
estar juntos,
rozar las alas,
aproximar las piernas
celestiales,
y mirarse
a los ojos,
el reflejo
infinito
de mirar.
Todavía no se
enamoran
porque desconocen
la esencia
de nuestra especie:
el sexo del cuerpo
humano;
porque desconocen
el abandono de un cuerpo
que incluso
el Hijo de Dios
quiso probar;
o por no haber
conocido
la grandeza
y la miseria

progresiva
del cuerpo,
templo
de todas
las piedras
del camino.
Flotan esos
ángeles
sobre nosotros
con una sonrisa
desconcertante.
Pueden ver
cataclismos
hasta en
el cielo límpido.
A su lado
no conocemos
las intemperies.
Con ellos
vivimos
la eternidad
de cada día,
cual un pan
divino
que no se come.
Un ángel
es lo que vive
plácidamente
entre el cielo
y el infierno.
No discute
las órdenes
de Dios.

Es el traidor
más fiel
en la jerarquía
del cielo.
Desconoce
los cánones
del tiempo
pues
ya está
condenado
a la eternidad.

SEXTA ELEGÍA

Para cada uno
Tahina es un himno
de canto y destino.
No basta vivirlo
hay que recordarlo
en palabras calientes,
fotos inebriadas
y películas capaces
de represar
mares de nostalgia.
Todo el paisaje
emigra por
documentos oculares
hasta el abismo
profundo
de las venas.
Pero hay que conferir
todas las noches
el hecho del día claro.
En las sombras
se cristalizan
las memorias
que sobran
del oxígeno
escaso.
En la sombra
de la noche
los cuerpos
se esconden
con el sueño.

No hay compromisos
nocturnos,
solo experimentos
de voluptuosidad y acaso.
La noche
no pertenece
a los rigores
del día
ni tampoco
a los déspotas
dispares de
la calle.
Es noche en Cuzco
cuando el hombre
se vuelve claro
en plena oscuridad.
Es noche en Machu Pichu
cuando el hombre
se vuelve invisible
a los errores
de la cultura.
Es noche en nosotros
cuando despertamos
con ganas
de vivir.

SÉPTIMA ELEGÍA

El viejo
en la escalera
de Awanakancha
me dejó sacarle
una foto
llena de colores
y eternidad.
Por cierto,
el retrato oficial
de una nación
simbólica.
El Perú
mucho se desarrolla:
el diez por ciento
al año
como creen
los economistas.
Pero el dinero
no llega
a los pobres
que mantienen,
por supuesto,
la expresión
permanente
de la pobreza.
El viejo
teje pelos
de fina vicuña
casi tan finos
como su barba escasa.

No piensa
en charlar con nadie,
visto que piedra
es piedra
en cualquier camino,
y yo, para él,
un extranjero inútil.
Dejé una propina
cual un hombre
que no sabe
qué hacer
con las manos,
la cara de un
desconocido.
Guardé la foto
en mi Canon
con celo
exagerado,
pensando
que me pertenecía
por haberla guardado.
Tenemos todos
la usura
de los recuerdos,
gañidos anticipados
del pasado.

OCTAVA ELEGÍA

Todo es silencio
en la inmensa
planicie
del mar.
A veces
revueltos
como el cabello
de los niños
europeos.
Titicaca
se parece
a un cerebro
de aguas heladas
en la calva
solemne del mundo.
Son muchas
islas
en las aguas altas
y profundas.
Sus habitantes
en abiertas
habitaciones
sin agua corriente –
solo el calor
de habitarlas.
Viven muy lejos
del mundo
y muy cerca
del hombre
esencial –

el que vive
y muere sin
aparatos.
En un mundo
tan lleno
de fervor
por el progreso
les falta todo y
no les falta nada:
tienen el cuerpo
y el pescado,
la mujer a su lado,
los hijos sueltos
en el azul de pájaros
de esta isla
abandonada.
Por cierto
ondea en sus faces
un silencio aterrador
que nos impide
percibir
el carillón
de lágrimas
represadas en
sus retinas de plata.
Entre tanto
cada hombre
en pie
es el atestado
de su propia
integridad.
Los he visto
de cerca

por los ojos
de los otros,
pero se quedan
en mis recuerdos
con la textura
inmortal del destino.

NOVENA ELEGÍA

Las mujeres de Tahina Can,
no hablo de las indias
con sus niños pegados
al cuerpo de artesanas,
son europeas y contemporáneas.
Llevan en las mochilas
la fuerza del cotidiano.
Su belleza está en servirla
sin retoques, para que el
hombre no se acostumbre
con las máscaras. Están siempre,
esas chicas, a servicio
de una necesidad.
No hay modernidad que dispense
la sombra atenta de una madre.
Traen remedios en las manos
para atenuar los dolores.
Saben medir la altitud
de los problemas con píldoras
y medicinas locales.
Sirven los tés de coca
como las inglesas sirven
el oro ritual de las cinco.
No les percibimos
un cuerpo ofrecido
ni tampoco rechazado.
Una mujer, hay que descubrirla
con nuestros ojos:
no son vitrinas de ofertas
frívolas. Esas niñas

de Tahina Can eran agitadas
con sus deberes
más que los hombres,
acostumbrados, desde que nacen,
con el mercado de trabajo.
Ofrecen en su sonrisa
una alegría discreta.
Son por cierto de otro género
en una España que coloca
cada cosa en su hogar.
Y, además, son locales:
madrileñas, andaluzas,
catalanas, gallegas
e incluso vascas.
Así, no se puede hablar
de la belleza de las españolas
sino de la gracia particular
de una madrileña.
Ya los hombres son los hombres,
un ejercito de nobles y toreros.
Son caballeros, por cierto
de una España católica
y ancestral que se purga
en el socialismo y la poesía.
Un hombre en España es España.
Una mujer es mucho más:
es una mujer.

DÉCIMA ELEGÍA

El recuerdo es un prospecto
de farmacia
con letras pequeñas
y dosis inciertas.
Papel doblado
con recomendaciones
precisas sobre los males
desconocidos del mundo.
Contiene indagaciones
sobre el uso excesivo
y nos advierte que hay
incompatibilidades graves:
el desprecio, el abandono,
la humillación sistemática
y todas las sobras
injustas del pasado.
No piensen
que por ser un prospecto
sea un remedio
sintomático.
A veces pasa lejos
del lecho de
reminiscencias.
Además de esos
incómodos crueles
el recuerdo es un arma
personal de la soledad.
Cargada siempre
en la vaina de nuestra
identidad

parece el pasaporte
diplomático
de la frontera
perdida en un
pasado muerto.
Pasemos del
recuerdo
a la vida
por esos umbrales
dorados de los Andes.
La vida nos espera
con su calor
maternal.
Ábrase la puerta
de la vida
con estruendo.
Mientras el mundo
se acomoda
en el presente,
vívase la mañana
como si fuera ayer,
con nuevos párpados
abiertos en la aurora.
Hay siempre uno
en las esquinas
no recorridas
y árboles en los
campos desiertos.
Hay siempre
otro día
dispuesto a crearnos
de nuevo.
Pedaleen las bicicletas

del equinoccio
para poner las piernas
al día con el horóscopo.
Traigan flores en el abrazo
y ofrézcanlas a todos
los necesitados de amores.
Pidan perdón
a las mujeres
mismo sin conocer
sus pecados originales
de hombre.

EUROPA

Aos meus filhos.

ALEMANHA

DOKTOR FAUSTO PARTE I

Não é verborrágico,
é verbotrágico,
o personagem
de Goethe.

Apascenta as ovelhas
com canivete
enferrujado.

Não transige
com nada,
muito menos
com o passado.

Dizem que é alemão.

Vive como um ser verbal,
emite pulgas,
entre sílabas.
No doce madrigal
prefere bundas
ao normal.
Jamais arriscou
a perpetuação
da espécie.

Dá aulas em latim
por desprezar
o vernáculo.
Entra e sai
pela mesma porta
sem arejar
um aceno.
Dizem que dorme
com enredos
obscenos
e só acorda
no inverno.
Lembra um relógio
sem alma
com ponteiros
vagos.
Algo,
entre cobra
e magistrado,
um que não cobra
nem paga.
Esmeralda
que não enfeita,
nem resguarda.
Dança valsas
no brejo
e na maleita.
Só arruma as malas
depois de perder
o rumo.
Não adula
nem perdoa.

Não coça
o umbigo
de ninguém.
Não engoma
o terno branco
para ver a noiva.
Está em cada
esquina
onde vende almas
e recolhe o corpo.
Faz comércio
sem retorno,
com o zelo
de um arcanjo.
Conclui
com a precisão
de um ponto,
enquanto
se liberta.

O CREPÚSCULO DOS DEUSES

O que seria
da grandiloquência
sem a regência
de Wagner?

E dos deuses,
se Nietzsche
não os condenasse
à inexistência?

Tudo o que é,
na essência
e na aparência,
depende
de alguém
que o negue
por antecedência.

O homem é incrédulo
mesmo na evidência.
Só descrê do que vê
e só nega o que prega.

O EXERCÍCIO DO PODER

A ética
é um predicado
do início
de carreira.
O jovem,
quando postula
a salvação
do mundo errado;
o velho,
quando se lembra
como era manso
o passado.

No decorrido
é mais complicado
o ajuste do proceder
com o pecado.
As tábuas da lei
se reduzem
ao pau mandado.
Uma só palavra
converte o reto
no rasgado.

A tentação,
como o vilão
da Comédia,
sempre fareja
o que está perto.

Não há virtude
que não mude
quando o ego
é cego.

Todo adulto
entende o recado
de ficar calado
quando o salto
do sapato
fala mais alto.

Resta o lampejo
do primeiro
emprego.

SONETO DO DESERTOR

No meio do caminho
encontrei um russo
de saco cheio
com o percurso.

Não era destinado
nem avulso.
Fora soldado,
embora culto.

Cansado de matar gente,
da alvorada ao poente,
descobriu o lado oculto
de um desertor com exigência:
tornar-se apenas o vulto
longínquo de uma contingência.

BARCELONAS

LAS RAMBLAS I

La ciudad pertenece a los hombres
que no pertenecen a nadie.
La vida está de pie en Las Ramblas.
Los enamorados podrán, un día,
decir que fueron felices en Barcelona.
Todas las calles son de piedra,
libro por donde pasamos los ojos
llenos de otras lecturas.
A cada paso, el barrio nos abandona
en el piso interior de los nervios.
La verdad de una ciudad
es producir insomnios.
No hay que confundir tristezas
con otros maleficios.
Barcelona es alegre, mientras las voces
produzcan rumores,
y nosotros cantemos dolores.
No se curva la ciudad antigua,
ni tampoco la nueva ante las tinieblas
del futuro. Todo es hoy en la mañana
catalana. Todo sol es mediodía
en Federico García Lorca.
Todo es sangre
a las cinco en punto de la tarde.
Quiero decir a mis amigos
que me encanta llorar
en un muelle de Barcelona.

Se acabó Broadway
en mi cuerpo humano.
Solamente paellas
de mariscos vivos.
Adelante, muy adelante,
tendré nostalgia del ayer.

CORRIDAS DE TOROS

Los catalanes no son taurinos.
Buscan el toro
en sí mismos.
No hay fiesta, en la muerte
de los himnos sevillanos.
La muerte es un compás
sin toros. El mejor dibujo
de un torero es la vida.

EL SOMBRERO DE TRES PICOS

Tengo tres
cosechas
de amigos
en una sola
Barcelona.

Ramblas
de un mundo
sin distancia
y con sueños.

Uno enseña,
el otro sueña,
y el tercero
es el que aprende.

¿Y yo?
Sin sueño,
me enseño
a olvidar.

EL MERCAT DE LA BOQUERIA

No confundas
mariscos con pescados.
Uno tiene las vértebras
por dentro. El otro
lo inverso.
No confundas al hombre
con las mujeres, puesto
que tienen vestes diversas:
una que viste,
la otra que nos reviste.
Por fuera
somos rústicos mariscos,
por dentro
dulces pescados de plata.

PROFECÍAS

El encuentro es un acaso
premeditado, como el futuro,
una voluntad del presente.
Eso no impide el acaso
en lo premeditado, ni tampoco
los riesgos de un futuro
bien comportado.
El hombre es
una aventura corporal
y en eso está la base
de todas las tragedias.
La tragedia, por cierto,
no es un adiós al final
de una película. Es un drama
con puñales afilados.

NO SIGO MAGDALENAS

No sigo Magdalenas
por las calles,
pueden ser gitanas.
Una vez me robaron
la fe cristiana
en la catedral
de Barcelona.

No sigo Magdalenas
por las calles,
pueden ser gitanas.
Una vez me cantaron
madrigales
de toros
en una cama.

No sigo Magdalenas
por las calles,
pueden ser gitanas.
Esa que me encantó
mientras cantaba
en el escenario,
es mi hermana.

No sigo Magdalenas
por las calles,
pueden ser gitanas.
Una entre todas
con quien me casé
ante el altar,
me engañó.

LAS RAMBLAS II

Vagar por la calle,
en un espacio
que es suyo,
hace de un peatón
esa aventura
de ser humano.
La fiesta de cada noche
hace de los feos
un espejismo de belleza.
No hay dos culos iguales
en todo el planeta.
Cada uno merece
lo que contempla.
Los sucios se ennoblecen
con el calor del deseo,
los limpios,
con el silencio del miedo.
Por eso, las calles de Barcelona
son republicanas. Todos son
iguales ante la noche:
inmigrantes, turistas,
esculturas de yeso,
pasadores de marihuana,
ciclistas, frecuentadores
de farmacias nocturnas,
skatistas y maricones,
floristas, putas
y machos ociosos,
con tatuajes de marinos.

No se piensa mucho
en las Ramblas.
Los vicios no charlan
con Descartes.

EL ENCUENTRO CON TÀPIES

Antes de morirme
quiero pintar
como un catalán.
Manchas que escurren
en el blanco
negros trazos
de contextos.
Catalanes
empezaron temprano
en el siglo desteñido,
con Picasso ardiendo
y Dalí pavoneándose.
Nadie dibuja
como un pintor
de Cataluña.
Cada línea
es el resumen
del infinito.
No importa el azul
ni tampoco el rojo
mientras el todo
se transforme en blanco.
Pero siempre,
el contenido de un
contenido
es el dibujo negro.

CANTOS DE CÁDIZ

¡Ay!
Canto de cambios
lúgubres.
Mejor cantar
que morir
en silencio.

¡Ay!
Canto del color
de Cádiz.
Mejor cantar
que abandonarte,
pájaro blanco.

¡Ay!
Canto del bosque
sordo.
No quiero oírte
antes de morir.

¡Ay!
Canto de la sangre
de tus venas andaluzas.
No quiero partir
antes de llorar.

EL ÁNGEL DE ESPAÑA Y LA GLOBALIZACIÓN

1.

Así, por pura
delicadeza,
el hombre se volvió
un ángel.
Por cierto, no son
Cervantes y la Santa Madre
las únicas razones
de que una carne viva
se transforme en alas.
Hay también la dulzura
del azul y del blanco.
Hay los vientos invisibles.
Hay la belleza de un ángel
sentado en un muro de Cádiz.
Sin ninguna reflexión
no hay un diamante
que no puedan
traspasar, con una
brisa de láser.
No comen, ni tampoco
beben y están siempre
colorados como una
manzana de Cezanne.
Viven en el límite
de la hermosura
sin seducirnos,
y de la acción
sin constreñirnos.

Por eso y por todo
los hombres de España
son ángeles.

2.

Los ángeles de Inglaterra
son lords;
los de Francia
son cartesianos;
los de Alemania,
poetas en la paz
y animales en el poder;
los brasileños, solo
danzas y palabras;
un ángel argentino
es la ciudad de Buenos Aires;
los rusos son hijos
de Tolstoi creados
y educados por Stalin.
Ángeles africanos
son hombres tristes
y negros.

3.

En China conocieron
un imperio
de nacimiento.
En Japón una jerarquía
de espada y sangre

conduce a los ángeles
a la muerte.
Ángeles de una Acrópolis
sin dioses es Grecia.
Italia tiene dioses
de carne y hueso
sin un César
que los perdone.

Todos son hombres
y el diablo
en un solo pensamiento.

4.

Solamente
los españoles
son toreros,
con las alas
amarillas
de un ángel,
frente a la vida
o a la muerte,
bajo la sangre
o la sonrisa,
entre el amor
o el desprecio,
el español es un ángel
con ímpetus
de hombre.

LA HACIENDA

Una hacienda
es un contenido
de tierra.

Sean animales,
fantasmas,
árboles o hijos.

Es un espacio
de la vida
en mortal desarrollo.

Podemos decir,
sin errores,
que es el patrimonio.

Una casa de hacienda
no nace con nosotros,
viene de los otros.

Tiene el color
invisible
del alma.

Los muebles
cuentan histórias
y hay siempre un abuelo

antiguo, que circula
con intimidad,
después de muerto.

Aquí se crearon
mis niños y tantos
otros sueños.

De aquí partió
con breves 26 años,
la mujer de mi vida:

Pajarito, pasajero
que ha volado ligero
para siempre en el destierro.

Más que dejarse fotografiar,
una hacienda
nos fotografía,

puesto que nosotros
somos el único retrato
de su reverso.

A MULA ANDALUZA

A mula despenteada
cruzou a rua,
molhada.

Era vaga,
era a mula
da lua magra.

Não levava nada
a mula
despenteada,

Nem fora mula
na invernada,
mas tudo carregava.

Sentia frio
na colina
ensolarada.

Chamava-se Carmen Sanchez
e morava na honrada pensão
de D. Mercedes Abranches

Mas chamavam-na de mula,
na rua da Consolação,
pois tudo, de todas, carregava.

Desde uma leve escova
de cabelos, que das outras
escovava,

até uma lata pesada d'água
com a qual as outras
lavava.

Além de mula,
sem perceber,
era escrava.

Foi a única espanhola
que conheci,
mal penteada.

No coração adolescente
cravei essa espada da mula
sem cabeça, mas despenteada.

DINAMARCA

NATAL EM COPENHAGEN

Não fui criança amanhã,
porque as águas subiram
acima da espuma do mar.
Porque as palavras se apagaram
no dígito crepuscular
da aurora boreal.
Porque não há mais Papai Noel
nem mais papai nenhum.
Porque o iluminismo derreteu
o córtex superior do Himalaia.
Porque o diafragma nos dissolveu
no azul profundo do útero.
Porque os macacos não sobem as escadas
de Darwin como antigamente.
Porque Maria perdeu, na enxurrada,
os delicados miolos de pão.
Porque o lobo comeu,
osso por osso,
a vovozinha de João.

LONDRES

O AMANTE DE LADY CHATTERLEY

I

A bela na janela
é uma instância
sem escada.

Julieta,
sem trança,
na sacada.

Pasto sem gado,
fonte sem água,
baile sem dança,
alfabeto sem A,
dor sem mágoa.

II

As vestes suntuosas,
as pérolas douradas,
aguçam o jardineiro,
em seu canteiro verde,
com mais nada.

III

Qui-la
nua
em sua
grama.

Qui-la
macia
em sua
quilha.

Qui-la,
mas sabia
que *milady*
na miragem
se extinguia.

IV

Sabia-se
rude
e lasso,
mas olhava
com prazer
o próprio
dorso.

Tinha
seu preço.

No íntimo
negociava
com
o desejo.

V

Em sua
altíssima
volúpia,
na janela,
milady
contempla
o ecossistema
do desejo.

Que se deita
na terra
como a
grama,
e nessa
moldura
de enganos
inaugura
a estação
florestal
de danos.

VI

Ei-la íncuba
nas alfaias
comedidas
entre o faisão
insosso
e a solidão.

A névoa lilás
de um lustre
torna-a ilustre
e obtusa
na estante
iluminista.

VII

Ontem beijou
o anel da rainha;
cheirava a esplendor
e mofo.

No retorno,
deixou o conde
em seu trono,
fazendo cocô.

Da janela
viu o moço
mais real,
menos insosso,

fazendo cócegas
nos cinamomos.

VIII

Ei-lo de volta
ao rosto oblíquo,
escultura de malícia
sobre o mármore
rosado da clavícula.

Vejo-o sempre
de um promontório
abrigado de paixões
e, poeta, me pergunto:
que alma se reserva
com tanta graça
nesse emblema
de disfarces?
Em quantos anos
o vinho da carne
se tornará doce
nesse tonel amargo?

IX

Ei-lo de frente,
armadura
marmórea.
Embora reticente.

É o detento
do cárcere
distante
de Carrara.

Ei-lo diante
da pia batismal
para tornar-se
o anjo
que precede
o animal.
Longo percurso
esse da pedra
à forma
humana.

Quando a lavra
parece perfeita,
ainda lhe falta
o epílogo sutil
da colheita.

X

Ei-lo de proa,
onde se arrisca
o vento dos olhares.

Suas formas
são abrolhos
polidos ao faro
do navegante.

Traz no pote
a bêbada volúpia
de uma sede
disfarçada.
Convida a brisa
ao labirinto
de tormentas.
Até o dia em que,
quase terreno,
a espreitará
no doce descanso
do tempo,
na amarga distância
das classes.
Ei-la, contudo,
na sacada,
ao alcance
da mão,
no vácuo
obtuso
da paixão.

Da janela,
uma espingarda
o espreita
com igual tesão.
Mira,
mero acaso,
no desvão
arquitetônico
das origens.

Nem a carne
muda a escala
desse degrau
solene.

XI

Sua volúpia
é ingênua
como o vento
onde se deita
e se contempla.
Tem o corpo
arrogante
como um dente
fincado na carne
que o alimenta.
E nesse êxtase
de solidão
e contentamento,
como um cavalo,
solto no bridão,
bate à porta
onde sozinho,
se adentra.
A dama do castelo
não é apenas o vento
que o invade,
é a bala
que o despedaça
por dentro,
como um rododendro.

Recusa-se,
qual um demônio
abstêmio de anjos.
Relincha como
cavalo no qual
pregam-se espinhos
em vez de ferraduras.
Rejeita as algemas
do amor e a dor
prisioneira da
distância.

O ÊXTASE DE LADY CHATTERLEY

Visto pelo jardineiro

Ela retira as luvas
com simétrica
volúpia.
Despe do corpete
dois seios
como a lua.
Espia-me,
arrepia-me,
ilumina
a lâmina
arredia
que entre as pernas
ergue esguia
enquanto um
ser resignado
entrega-se à sina
mais fria do destino.
Minha língua
vaticina
o ritual
aristocrático
do desejo.
Meus dedos
devassam
buracos
e obstáculos.

Meus dentes
se cravam
no tecido
mortuário
da linhagem.

Que mulher é essa?
Que orgulhosa humildade
debruça-se em silêncio
sobre os despojos
de um homem
em pleno gozo,
sem um só grito
que lhe indique
a presença?
Que meticulosa
paciência
permite-lhe
abrir os ilhoses
e a profunda vulva
que afoga,
sem dizer palavra?
Maldita, bendita,
chupa-me o falo
já que recusas
o sopro da fala.
Sei que não uso
dicionário
na modesta
leitura do meu
quotidiano,
mas não quero
que me lambas,

reduzindo a língua
à leitura marcial
do conhecimento.
Se ao menos
gritasses
enquanto eu
me transformo
no príncipe
acordado por
teus beijos,
ouviria essa
palavra exata
do desejo.

E, quem sabe
um dia, pudesse eu
regalar-me com um,
que fosse, vocábulo,
além do orgasmo.

PARIS

VARIAÇÕES GOLDBERG

Ária

Do fundo azul profundo,
do ser em seu fecundo
diamante – do instante
no súbito decorrer
do encanto – do silêncio
no grito abstrato
do comando – do brio
no alvo branco
do delírio – do medo
na bruma ciliar
da sombra – do enredo
na torpe esquina
do degredo – do desejo
no corpo ausente
de desejo – do fim
na porta inaugural
do que consente.

Variações

Me estou –
sem ter chegado
nem estar a fim,

Me desnudo –
sem tirar
a roupa.

Me parto
em pedaços –
sem destiná-los.

Me consinto –
sem a vontade moral
de perder-me.

Me ignoro –
sem a tentação
de me descobrir.

Me alteio –
sem o voo raso
no teu seio.

Me abaixo –
sem lamber o chão
nem levantar o rabo.

Me tenho –
com empenho,
mas sem filosofia.

Me dou –
sem o desdém
necessário do doador.

Me seduzo –
com o que recolho
em vão.

Me compro –
na insônia,
com ilusões.

Me sonho –
com a intenção
de não acordar
de novo.

MARCEL PROUST PARA ALUNOS DO SEGUNDO GRAU

Marcel Proust,
professor de boas maneiras,
aprendeu francês no colo
da duquesa de Guermantes.

Praticou o *cooper*
nas alamedas de Combray.
Era um cara finíssimo,
e foi finíssimo até
o fim do romance.

Amava o pai de Gilberte
mais do que amava a ela.

Carlos Swann era um pilantra,
bem amado pelas duquesas,
ungido pelos príncipes
e quase santo, não fora
casar com Odete, a mundana,
que amou com amor insano.

Nenhum escritor do Ocidente
e da América nascente revelou
a dor de um beijo materno,
como Proust, ainda infante.

Ninguém escreveu cinquenta
páginas para narrar
um só banquete, com cardápios,

sobremesa, convidados,
com ou sem nobreza.

Quem, na vasta literatura
do passado e do presente,
contou o número de carruagens
estacionadas na porta do palacete
num Boulevard de Saint-Germain?

Só Proust guarda a receita,
nunca igualada, de uma *madeleine*.
É certo que erigiu a frescura
em categoria extraterrena,
mas Proust não usa ternos de bronze.

Bem sei que, no recôndito,
Freud o inveja e teme, pois
Proust antecede a descoberta
do édipo moderno. Nunca precisou
do inconsciente para por o trema
nas consequências.

Proust me cansa, me aborrece,
cheguei a esconder a *Recherche*
na estante. Mas, como um bêbado,
sempre voltei à dose rechaçada.

Por isso deixo Nobéis e Jabutis
lacrados. Não tenho tempo.
Proust me convida. Sou
coadjuvante desse banquete,
onde penetro pela porta
humilde da literária gente.

DA MELANCOLIA (I)

Para Rainer Maria Rilke

1

Amo no espaço
melancólico
ser a ferrugem
com a qual
torno-me ouro.

São cordas de um
punhal sonoro,
vocábulos esparsos
do tesouro.

Não há poema mais sujo
que as orações tardias.
São tribunais sem juízo,
como o olhar fugidio
de um pescador anônimo.

Tudo, na melancolia,
são penas de pássaros
sem pluma,
almas que se atrasam,
na pressa,
verdes saudosos
de profundeza,
vermes que se recolhem
à terra de que se nutrem.

Mãos que desprezam
sinuosas maçanetas.

Escritores que enterram
canetas em pântanos de lírios,
românticos, expostos ao delírio.

Livros mal escritos
por braços longos
como varas de pesca
inclinadas.
Personagens, hinos,
no *Te Deum*
dos peixes finos.

Gravatas importadas
para pescoços
que escaparam
da guilhotina.

Que peixes,
meu Deus!
Não há fé
que os separe
da doutrina.

Vi com meus olhos
a melancolia.

Agora, ouço
a cavalgada
das Valquírias,

nas valsas
acrílicas da esquina.

2

De perto,
no ranger de dentes
sobre um Big Mac
navegado de ketchup,
percebo a neutralidade
do bem e do mal.

Em plena Avenida
dos Campos Elíseos
as mulheres,
tão outroramente
cândidas, lamentam

a inexplicável ausência
de homens.
Outras, se felicitam
pela mesma inexplicável
existência.

Percebo a claridade
nos insetos
e a sombra do avesso
nos desejos.

Quando se busca o tênis
mas veste-se o *smoking*,
despe-se o fracasso
no interior do corpo.

Longe o fraque
das núpcias
andaluzas. Apenas
vestes de sangue,
sem que isso prove
a elegância moura
do primeiro amor.

Não mais as noites
lânguidas do ócio.
Entre o Sena
e o suicídio,
acorda-se vivo
com o valor do câmbio
cravado nas entranhas.

Seja qual for
o valor da noiva,
barganha-se.

Ainda que num dia primaveril,
não se percebe o que o qualifica.

E as rosas, na vitrine, perdem
o pudor rilkeano da contradição:
"doçura imensa de não ser
o sono de ninguém, sob tantas
e tantas pálpebras".

E vieram dizer-me
que os anjos não existem,
logo a mim, que os sei terríveis.

Rilke no-los serviu num bolo
de traduções sem dolo.

A melancolia tolhe o comedimento,
leva-nos ao antes do ser poético,
dispensa-nos da pompa e
das rimas decassilábicas e proféticas.

Na inesgotável memória de Homero,
dispenso o vulgar em Heine,
que não soube ser Shelley
e, mesmo sendo poeta,
não foi além do que previu.

Lembro-me das iluminuras
de Goethe, com o coração
no relógio do colete,
dispensado da ossatura do poeta
para ser carne até dentro do osso.

3

A melancolia
é o narciso
que vislumbra
no olhar do outro
a dor do inatingível.

Narciso,
quem não inveja
as paredes transparentes
que venera.

A melancolia é crítica,
percebe que há sabedoria
no câncer, na cura e na alegria,
na dor, na dança,
no divórcio, na pança,
no sorriso adolescente
dos dentes de pérolas,
na dentadura anatômica,
na prótese em geral
e, ainda mais, no atleta.

O que haverá na vida, ainda mais,
para honrar o condenado Sócrates,
que honrava a cidade e as leis
mais do que a própria morte?

E os meus amores platônicos
cheios de esperma
antes do fim do túnel?

E a melancolia, que dispensa
o pudor artístico do nu
na solidão erótica do divã?

4

Não há nenhum político
no ardor desta receita,
não há políticos nesta estrada.

"*Sic transit gloria mundi*",
mas onde estão os ratos,
onde estão os gordos ratos,
tão humanos, tão ingratos?

Profissionais
no divã da pátria,
mas racionais,
sem um povo
que os adote.

Onde estão os gordos ratos?
tão humanos, tão ingratos.

5

Mais melancólico
que um talho
de alho
é um velho
sem atalho.

Só ele dispensou o remorso
e, no mesmo salão do bode,
o pai, a mãe e o Freud.

Não se pode
comer sem gula
tudo o que apetece.

6

Em altares
de melancólicos andores,
qual santos de barro,
colocam-se os amores.
Um por vez, pois,
na memória do amor,
não há lugar para nada,
além de dois,
e do esquecimento.

Poligamia não produz melancolia,
possui um sabor antropológico,
pois só há samba numa nota sólida.
Diga-o quem provou
na cama ideológica
o *free marriage*,
da moda.

7

Melancolia são
variações Goldberg –
quanto mais adulta,
mais repete a culpa.

Quebrar telhados de vidro
que iluminam e nos protegem?
Melhor trocar os moradores.

Amo o espaço que se pode
construir na morada vindoura,
amo nele a mudança compulsória.

O acaso colhe cérebros dançando
na incompreensão do corpo.
Equilibra signos e desígnios,
demonstra que nada está pronto,
e que, ao ponto final,
se pode sempre acrescentar
uma vírgula circunstancial.

Não creio em vidas sem versos;
nem em frases sem pontuações.

Mesmo o que não dura é eterno.

8

A melancolia protege
as mal-amadas e os perseguidos
que nunca tiraram um passaporte,
os que não rezaram o padre-nosso,
os que não comeram com talher,
os que não transaram com mulher,
os que não sabem nadar
nem andaram de avião.
Os que não choram
por pensarem
que são homens.
E os que choraram
por não serem.

Os que nunca pagaram
uma promessa
nem uma promissória.
Os que não assistiram
ao *Cidadão Kane*
e os que assistiram
ao *Cidadão Kane*.
Os que clamam no deserto
e na Praça da República.

Os membros do G8.

As mulheres que compram anéis,
e as mulheres que nunca olharam
uma vitrine da Tiffany.
Os que não sabem falar inglês
e os que só sabem falar inglês.
Os que confundem juros
com progresso,
e os que praticam
o hábito abominável
de humilhar os humildes.

Os puros de coração.

Os que colhem tempestade,
e os comedores de fogo.
Os travestis, quando
desembainham a navalha
no turbilhão da noite.

O dia longo de verão
do homem só.

Só a melancolia oferece
lençóis limpos à noiva
que se perdeu do amado.

O gosto do ódio,
que se alimenta
com a exuberante
presença do outro,
só será compreendido
pela melancolia
que se alimenta,
exatamente,
da ausência do outro.

9

Renovo a hora melancólica,
ser no resto do naufrágio
onde me ancoro no lenho tosco,
rosa no desossado ramo,
ruído que se torna adágio,
fumaça que vira nuvem,
ausente que se apresenta,
vazio que preenche,
sombra que acende,
fome que alimenta,
rumo que se remenda,
frio que na geada esquenta,
barulho que não apoquenta,
mal que não se aguenta,
silêncio que, por si, já representa,

dor que a própria dor sustenta,
amor, que o desamor espanta.

Neste elogio que faço
da melancolia,
nesta Rue Guinémère,
em Saint Germain,
que passa ao lado do parque,
dos Campos não menos doces
do Reno, e pelos cabelos
ácidos de Frida Kahlo.
Pelo coração verde
de lua e pólvora,
de Federico García Lorca.
Pelos infinitos heterônimos
de um só Pessoa.
Pelo sentar sereno numa calçada
de absinto, com Charles Baudelaire.
Pela barata caseira
de uma Clarice
Lispector, e absurda,
pela metamorfose do jovem Kafka,
pelo Sermão da Montanha,
por Thomas Mann e seu irmão,
por todos os irmãos Karamazov
da semente humana, pela demência,
pela epilepsia, pela hemorragia, pela AIDS,
pela azia, pelo câncer, mas sobretudo,
pelos esquizofrênicos, pois será deles
o reino da melancolia.

Pela Terra, essa esmeralda
que atrai o mais ridículo
caçador de esmeraldas.
Pela Terra, berço esplêndido
de santos e de escroques.
Pelo polonês que reinventou o inglês
e descobriu o coração da selva,
pelo William, que inventou o inglês.
E a Inglaterra. Por todos
esses que cantaram
o sonoro amor impossível.
Por todos que afirmaram
que o poder é indivisível.

Por Camões e por Florbela,
compadres do português,
que batizaram a última flor do Lácio,
inculta e bela, que espancaram
o soneto, essa forma
de transformar Rimbaud
numa sonata de Mozart.

DA MELANCOLIA (II)

Vivo entre gentes
e me comprazo,
embora o peso
da melancolia
na qual me atraso.

Sei que todo
homem
tem seu peso
e sua hora.

Todo homem
tem desculpas
cinzentas
para não chegar
onde precisa,
no prazo.

Minha desculpa,
igual à culpa,
é estar só, na luta.

No zoo pré-lógico
de Saint-Germain-des-Près,
ainda que tarde,
me apresso
para chegar em pé.

Chego aos concertos
repletos de flautas
mágicas,
oboés em dentes
delicados
e maestros
no balé do ego.

Chego à Rue Guinémère
que dá no Parque,
ora florido, ora só dor,
do Luxembourg
do outono.

Amo os salões
da memória,
cheios de gente,
e da história
em que me isolo,
indigente.

Desloco-me da prisão
para a misericórdia,
miserável concórdia
em versos livres.

Tenho piedade, portanto,
do coração humano.

E, se disparo estas
lúgubres metáforas,
como um fotógrafo dispara
a luz nos objetos, é porque

estou de novo só, na sala C,
da Ala Oeste da Biblioteca
François Mitterrand,
na solidão de soldado raso,
cúmplice, com olhos baixos,
do desfile inesgotável
de signos e significados.

DEUX ÂMES

I

Je connais deux âmes.
L'une qui vit à côté de moi,
las bas, ou je vis le jour a jour.

L'autre qui vit au dehors,
elle est plus profonde
et beaucoup plus distante.

L'une est l'âme
des conceptions ultimes
qui existe depuis toujours.

Elle n'est pas religieuse,
ni pourtant laique,
parle un peux plus haut.

Cette âme a la vocation
d'un être infini puis qu'elle vit
au dela de l'espace cosmique.

L'autre, est plus modeste
comme mes chaussettes,
elle est colée au corps réel.

Elle est encore
plus humaine
que religieuse.

Quand j'étais proche
de l'Acropole
je me suis rendu compte
que l'âme s'approchait
de l'architecture.

Le corps, au contraire,
s'approche de la chair.
le sang parles
comme un parcours
souterrain.

Il n'a rien à voir
avec l'infini.
Il vient d'une poussière
de terre et d'un os
qui était entier.
On l'a créé pour disparaitre
comme une feuille d'automne
triste et jaune.
Il vit avec douceur
jusqu'au moment
où arrive la peur.
Tout qui a commencé
ne vas plus loin
que le désert.

II

SI L'AMOUR ÉTAIT POSSIBLE

Si l'amour était possible
qui serait de l'homme,
cet animal sensible
a tout qui l'étonne ?

Dans la crainte
nous y sommes
suffisamment
dangereux.
Que penser
d'un homme qui aime
et est aimé ?

III

LA PEUR

J'habite un espace
de pertes profondes
parce que j'ai peur

des vagues et des ondes
qu'abiment l'air
où je m'abime moi-même.
C'est toute une chambre
de perles imaginaires
où l'amour se perd
avant de se taire.

Personne ne récupère
la distance d'un être
perdu par peur.
pas même dans l'acte
de le recréer en vers.
S'il est mort ou vit
encore, dans le cri
profond du mépris,
que m'importe,
si dans l'absence
je m'inscris.

IV

D'APRÈS JULIETTE

Son père m'a
séparer de lui
comme d'un arbre
qui avait peur
des ombres.

Nous étions
pourtant
preparés
l'un et l'autre
pour vivre
l'hiver,
ensemble.

Quand Romeo
s'est tué

avant Juliette,
la destinée
etait faite.

La haine
est la date
plus précise
de l'existence.

NA VITRINE DO FAUCHON

Onde estão
as mangas
maduras?

É um mistério
sem ponteiros
esse relógio
de frutas.

Em todos os
quadrantes
da vida
estamos
diante
de mangas
verdes.

Penduradas,
nos percebem;
comidas,
nos esquecem.

Há muitos anos
essas mangas
excitam-me
em seus cachos
cheios de promessas.

Logo mais
estarão douradas

na vitrine
do Fauchon,
como eu as vi
quando tinha
dezenove anos.

Hoje estão menos
distantes de mim,
maduras,
mas intocáveis.

Outrora,
apenas estavam
na vitrine
transparente
da miragem.

MON DOMAINE

Je ne connais pas le nom
de mon domaine,
a peine je connais
las bas, la peine.

L'oiseau gris parcours
le vide sideral,
plein d'envie
du nid humain.

Par contre, le
petit homme
ne pense rien d'autre
que le vol nocturne.

Moi, j'observe
le jeu contradictoire
d`un désir dérisoire.

Qu'est ce que la vie
au dela de la chair ?
puisqu'on ne peu pas
toucher le noyau
de l'âme.

J'ai entendu parler
d'une femme
portuguaise qui
a fait l'amour
avec Jesus Christ.

Moi, Je suis si loin
de ce plaisir lointain
et absurde.

L'âme, etant le corps
métaphisique du néant.

Comment la faire
respirer, cet accordeón
devant le plaisir
d'un sarcophage
plein?

SOUVENIR

C'est toi
qui nous apportes
le royaume épais
de la neige.

C'est toi
qui nous apportes
les oiseaux blancs
du rêve.

C'est toi
qui nous apportes
le doute d'un chien
qui crève.

C'est toi
qui nous apporte
la raison inutile
qui prospère.

C'est toi,
toujours toi,
comme une lettre
de feu, que j'éspère.

FAIBLESSE ROYALE

Je sens une faiblesse
dans mes dos
encore plus atroce
que la douleur des os.

Pauvre douleur
que sagement s'installe
sur un plat d'argent
comme la tête de Saint Jean.

Plus de sang
concentré dans le cerveau,
où la raison domine
la foi et la peine.

Une tête en soi même,
malgré que solitaire,
retient la grandeur
d'un roi, pour se taire.

ROMA

O SANTO PADRE

A Paulo VI

No meio do discurso
tinha uma pedra,
tinha uma pedra
no meio da garganta.
É preciso cuspir
as pedras
do meio da garganta,
cuspir de dentro
a pedra do meio
do discurso,
como se fez
com Pedro.
...
A pedra, ô pai,
é uma tarefa
de roer, como o pão
que se consome
pela memória,
quando o fermento
passou a corpo
e, como tal,
cruzou o tempo.

Teu ministério,
Pedro, é este:

suster o cavalo
donde Paulo caiu
há tanto tempo.

Tende um só corpo
para teus dois
infinitos:
o que tu sentes
assim, por invisível,
e o que, por cruento,
assenta-se sobre
o finito.
Tu és o universo
quando de madrugada
lanças a rede;
pescador, tu és,
quando a recolhes,
vazia, na solidão
das Vésperas.

O palácio não engana
crianças nem crentes.
A majestade se esgotou
no mar dos gestos,
e deste marasmo
sobram só restos.

A praça imensa
com o braço aberto,
porto enseada
de multidão inerte
aperta o filho,
barco sem vela.

A nave, a piedade,
a cúpula de mármore
copula o pão e a carne.

Tu entras branco
nesse ovário
para fecundar
os gentios.
Esbanjas bênçãos
e preces,
como confete
de um carnaval
no estio.

Mas tu sabes
o que se passa
além da festa.
Não invejo a solidão
de púrpura
que resta.

Quando ajoelhas
como Paulo
ou como Pedro,
com teu peso
de Papa,
quando ajoelhas
como homem,
com biografia
de santo,
quando levantas
para abençoar
o homem

de si mesmo
que ficou
de rastos, tu sabes
o que se passa.

Além da festa,
é preciso salvar
a esperança.
Disfarças –
pois é preciso
preservar os cantos.
Dispersas –
pois é impreciso
dar tempo
ao Espírito Santo.

Os aviões vão chegar,
é preciso
que cheguem
os aviões.
Disfarças –
porque só chegam
notícias, notícias
com excrementos.

Não é tempo
de carisma,
é tempo das coisas
que estão dentro
dos acontecimentos.

O Santo Padre
confere a Terra
com as próprias unhas.
O Santo Padre
instala um computador
ao lado do coração.
O Santo Padre
confere a Terra
com a própria Terra.
O Santo Padre
atende ao telefone
as chagas de Cristo.

É tempo do corpo todo,
como o de Jesus Cristo
que o usou, em vez da lenda.

Tu sabes que só a rua
é mais terrível que a cela.
Compraste um pássaro
da Boeing para aprenderes
o espaço, para ver
as coisas que estão
dentro das notícias,
calçadas de Calcutá,
torpes ruas de Bogotá,
ruas de pedra
sobre as quais,
um dia, Pedro,
ergueste a tua
igreja. Tu sabes peregrinar,
mas disfarças a dor.

E agora,
que descobriram
a tua face
escondida,
da Lua,
tu, que eras usado
para iluminar
a majestade
das instituições,
agora, que humilde
iluminas as trevas,
agora que, humilde,
iluminas o salão
das realidades.
Agora que acendes
as chagas
e não o triunfo
da pedra.

Meu Deus, meu Deus,
por que me abandonaste,
com tantos tesouros
intactos?

Tantos papas
triunfados
ficaram santos.
Por que, meu Deus,
este telefone?

O Santo Padre
instala uma tela

de vidro
aos pés da cama.
O Santo Padre
é fotografado
como a Pietà,
carregando
nos braços
a TV ligada.

E não adianta
fingir que a mãe
vai tingir
o vestido roto.
A mãe também morreu
para que o filho
ficasse solto.
Não adianta
purificar a sombra
para consolo
das catacumbas.
Cada época
tem o esconderijo
que arromba.

Vivemos o tempo
do corpo descoberto,
do corpo nu,
do corpo exposto
sob o toldo,
ou do corpo
sob a terra,
o corpo morto.

Vivemos o tempo
do corpo todo,
soma de humano
e de humano,
soma de lama
e do lodo
soma de um
e de outro,
soma de muito
e de pouco,
soma do velho
e do moço,
soma de caça
e da carcaça,
soma de amor
e desprezo,
soma de fumo
e fumaça,
de liberdade
e mordaça,
do covarde
com a raça,
da alegria
e da desgraça,
soma de honra
e trapaça,
soma de lenda
e de fato,
soma de rato
com gato,
soma de paz
e migalha
da ternura

e do canalha,
da fartura
e da miséria,
da verdade
e da pilhéria,
soma do corpo
com o corpo,
como se soma
o fermento.

O tempo
do corpo
com o corpo.
De gente
que atira
a primeira
pedra.

CATECISMO APÓCRIFO

A vida é apenas
o outono
da primavera.

O pior da maçã
não foi mordê-la,
foi aceitar
a primazia
da serpente
sobre a mente.

O pecado capital
da história humana
foi a sentença
insana:
trabalharás com o suor
do rosto
para encher a pança.

O único ócio
que sobrou
do paraíso
foi o sexo:
gratuito,
côncavo
e convexo.

A parábola de fel
foi Caim

ter matado
Abel.

Madalena
redimiu os puros,
pois só os pecadores
têm abrigo
nos prazeres.

Amigo
não é o que
dá a vida
pelo amigo,
é o que dá
vida ao amigo.

Nas Bodas de Canaã
há duas verdades:
multiplica-se o vinho
e também a vida.

O Bom Samaritano
foi o primeiro
banqueiro
espiritualizado.
Multiplicou por cem
as chances
de salvação.

No Sermão da Montanha,
Jesus condenou à morte
a vã filosofia:
Felizes os pobres de espírito.

No Templo
Sagrado,
o filho de Deus
rodou a baiana,
pois era insana
a cortesia
pagã.

Ao lado de um Deus,
por Deus abandonado
na cruz, não havia
o bem nem o mal,
havia o bom
e o mau ladrão.

De todos os absurdos,
há um que arrasa
o meu coração:
a ressurreição.

Se Maria foi bendita
entre todas as mulheres,
por que mulheres
são malditas
por filhos ingratos?

Ai, meus deuses,
como sois
desmancha-prazeres,
ao invejar dos homens
seus haveres!

Mesmo depois,
quando fostes
esquecidos
no Olimpo,
o Deus único
mais atento,
só invejou,
do homem,
o sofrimento.

Fez o diabo
para tornar-se
humano,
filho de si mesmo.

Nem Goethe
urdiu tal proeza.
No seu guichê
trocava a alma
por beleza.

Jesus nunca andou
pela Via Ápia.

Percorreu
o vazio
do deserto,
para aprender
o idioma.

Escolher a cruz
fez jus
ao seu plano.

Morrer abandonado
é o máximo
que um Deus
pode oferecer
ao abandono.

Logo depois,
quis voltar
a ser humano.
No terceiro dia,
deixou no túmulo
o funéreo pano.

Mas quem ressuscita
veste com força
a pele do cordeiro.

Avesso aos deuses
pagãos, o Deus único
não quis ser rei.
Coroa só de espinhos,
manto, de trapo,
sandália, sem salto.

Seu único luxo
foi o pão, o vinho,
e, no caminho,
alguém ao lado.

Vá se entender
os desígnios
de Deus, seja

do Olimpo
ou dos hebreus.

Mas o gólgota
fala por si.
Não precisa
de teologia
nem de liturgia.

FLORENÇA

Tudo o que floresce e não cessa,
já floresceu com pressa em Florença.

Ninguém se enobrece com a prece
sem cruzar a plebe em Florença.

Ser o que se é de forma expressa
só depois de deixar de ser em Florença.

A espada do poder, se excelsa,
perde o fio do aço em Florença.

Quem tece as rendas da saia lassa
desconhece a vaidade de Florença.

Colheu os frutos da renda escassa
nos bancos prósperos, em Florença.

Queimou os livros da sapiência
numa fogueira, em Florença.

Só conheci a carne devassa
no David marmóreo de Florença.

Condenação com penitência expressa,
num só pregador de Florença.

Lorenzo de'Medici se ultrapassa,
de tirano a sábio, em Florença.

Maquiavel ensinou à massa de Florença
a importância de ter um príncipe.

Leon Battista Alberti arquiteta
o que destroça, em Florença.

A Signoria na praça
democratiza Florença.

Tudo era plano e sem graça
sem a perspectiva de Florença.

Não haveria Renascença
sem que houvesse Florença.

Não haveria mais Deus, se não
reinventassem o homem em Florença.

Só em Florença os servos impõem
a arte aos senhores.

SONETO DO SILÊNCIO CONSENTIDO

Subestimara a própria eloquência,
sem discurso enfurnou-se na cratera
de um vulcão extinto, a solidão.
Buscou em vão a mão de Virgílio,

Sentiu o pelo crespo de Creonte,
pois calar é programar o inferno,
decisão que a ninguém conforma.
Calar-se e não testar a esperança

é subestimar-se com o discurso,
deixar-se queimar em Florença,
em vez de pronunciá-lo em Atenas.

Em qualquer parte onde estejas,
pensa ao silenciar no poço fundo:
melhor ferir a voz com a luz do mundo.

SALZBURG

NUM TREM DE ZURICH A SALZBURG

Nunca a neve
foi tão branca
e tanta.

Nave névoa,
parecia filme
em preto e branco.

O trem se acomodou
nos trilhos, esperando
passar o tempo
da Montanha Mágica.

E nós – recônditos,
no vagão moderno,
tão veloz
quanto o silêncio
da parada,
fomos baldeados
como judeus
para vagões
imaginários.

Todo trem
é um delírio
ocidental.
No atropelo
do êxodo improvisado
deixei o iPad
com poemas dentro
na poltrona 67
do trem de Zurich
para Salzburg.

Quando perdemos
a memória,
parecemos condenados
a uma estação
sem destino.

Desembarcamos
como reses
de pelúcia
para as vitrines
de outro inverno.
Só o calor da memória
poderia aquecer
o pranto frio
do branco, na história.

Quem são essas pessoas
agasalhadas
no meio-fio,
falando alemão?

Sei que logo mais
estarei ouvindo Mozart,
mas esse acaso
de neve e trilhos
me remete
ao Ocidente culto,
parado no gelo.

LES ÉCURIES DE SALZBURG

Cavalos são cavalos,
mesmo embaixo
dos cavaleiros.
Têm a grandeza
do que conduzem:
na guerra,
na caça
e na distância.

Homens, às vezes,
são apenas pessoas
em cima dos cavalos,
só viram cavaleiros
se de bronze.
No passo a passo,
do pescoço às esporas,
são humanos.

Cavalos têm mais raça
que os escudeiros,
passam as fronteiras
sem passaporte.
O que os recomenda
é o porte.

SEVILLA

A João Cabral de Melo Neto

DIBUJOS DE SEVILLA

Lo que quiero ver
en la catedral de Sevilla
es la grandeza
y no las tumbas
episcopales
incrustadas en los muros
como ladrones de glórias.

Todo en Sevilla
es degustación:
no se comen platos,
sino sabores.
El gazpacho tiene
una temperatura suave
como los vinos blancos.

Erraron los moros
cuando quisieron imitar
el paraíso. Es el cielo
que imita a Sevilla.

Donde los moros
fueron hermanos
y los judíos, vecinos,

en patios andaluces
los cristianos
fueron cristianos.
Buenos tiempos,
de agua clara
en el espirito
y de libertades
en el cuerpo recíproco.

Sevilla nos encanta,
ya que la seducción
es un acto de respeto
a todos los deseos.
Goethe allá no podría
escribir el Fausto
pues el diablo
está en el cepo.

Flores de tules cubren cabezas
en todas las bodas.
Pero, lo único que cubren
son los pensamientos.
Por eso, todos parecen novias
en el resto del cuerpo.

Una sevillana llega
para amar
como un caballo llega
para mostrar que es
un caballo.

Sevilla es una porción
de patios con frutos
al alcance de las manos.

Difícil es escoger el jamón
si no sabemos lo que come
y donde vive.
Puesto que el jamón
es lo que la carne
puede sublimar
de un cerdo.

En cuanto se puede hablar de flores
mejor es hablar de colores
en las calles cenicientas.

¿Qué se puede decir del fuego
que se encarnó en la danza,
cuando mujeres se convierten
en llamaradas y los hombres.
en soplos inútiles?

En el flamenco el hombre
tiene otro cuerpo,
que en la vida
todos sabemos esconder.

Las corridas de Madrid
ocurren por todas partes;
en Sevilla son más hermosas.
La sangre no transmite
la tristeza de la sangre.

Le dijo la madre
al califa de Granada,
lo que sirve
para todos los califas:
– llora como un niño
lo que no supiste
defender como un hombre.

A Isabel, La Católica,
bien que podríamos decirle:
– destruiste como reina
lo que no supiste comprender
como madre.

Todo eso es una ciudad
inventada por hombres
acostumbrados a no tener
envidia de Dios.

SUÍÇA

LAUSANNE

Como é branca
a sombra da neve.
Parece sombração.

Sombra da
fumaça
da cinza
do carvão.

Merece respeito
a nevasca
sobre o chão.

Produz o efeito
da cachaça
em nosso sótão.

Embora fria,
partilha
o coração.

ZERMMAT

A cor branca
da neve
é precisa
como um dente.

Morde,
arde,
intensa
pimenta.

Reflete
o sol
na lâmina
da pele.
Não é o branco
do papel,
é trigo
com mel.

Não descuide
do branco
da neve.
De repente,
ferve.

DAVOS

Nunca vi tanta
neve
sobre a vogal.

Parece crase.

Sobre a sílaba
não vacila,
o acento grave
congela.

A neve
leva a palavra
ao subsolo
do gelo.

Neve
é frase.
Assimila.

GENÈVE

Num banco
suíço,
a neve
apressa.

Melhor
o calor
tropical
da promessa.

No calor,
a frieza
dos juros
agasalha.

Na Suíça,
o calor
do guichê
congela.

GRUYÈRE

Suíça:
leite,
queijo
e lago.

Café com
canivete.

Suíça
é a bandeira
do Brasil:

Ordem
e progresso.

BERNA

Suíço
é o que vê
o cidadão
no cidadão.
Não vê o outro,
vê o comportamento
no osso duro
do outro.

LAC LEMAN

Na Suíça,
não se pede
em casamento.
Nada-se
com antecedência.

YVERDON

A Suíça
não faz
relógios.

Faz horários.

O cuco
mantém
seus hábitos.

Filho pródigo
do colégio
interno.

ZURICH

Onde o trem
corrige
o horário
do trem.

E o homem
corrige
o horário
que o retém.

AMÉRICAS

ARGENTINA

BUENOS AIRES

A ÉTICA DAS MAÇANETAS

I

Pus a mão
no teu joelho
com delicadeza,
e me senti
intruso
em tua etiqueta
de pudor.

Não que desprezes
essa invasão
súbita, do corpo.

Talvez prefiras
a invasão
mais solene
da fala.

II

Não é prudente
devassar o castelo

sem antes
bater à porta,
mesmo quando a fachada
branca sorri para um
pôr de sol que a colore
de confidências.

III

A porta é a porta
como a pedra
é a pedra.
Tem códigos
e maçanetas
indevassáveis.

IV

Quando o forasteiro chega
numa carruagem de prata,
é bom ver se o palácio está
habitado, se tem a mesa pronta,
o fogão aceso, ou se o sangue
está percorrendo, com cadência,
no anfitrião acordado.

V

Todo mundo
é um castelo

de porte pessoal,
mesmo quando
oferece a esmo,
cartões de visita.

VI

Pus as mãos
nas tuas mãos
com delicadeza
e decidi partir,
pois a viagem
é sempre mais longa
do que as parábolas.

ARGENTINA DE KAZUO OHNO

Quando secou a água salgada
e tornou-se lago, sem nada
que voasse ou ficasse parado,
no branco aguado da alvorada,
no espesso sal da madrugada
aconteceu a noite gelada
como o Sul, fio de lua, fio de mágoa,
cheia da pedra vazia de água.

Argentina, no cone do mundo,
mulher de idade, conheceu
o vestido de noiva, o coice do coito,
o uivo agudo do gozo. Não percebeu
a salina salgada, o lago de lua
com gosto tardio, o pôr-do-sol,
o pôr do sal, o pôr do nada.
Argentina intacta e retocada,
pois todo Sul é o fim da estrada.

A LUA DE KAZUO OHNO

Quando olhei para o céu,
a lua se conformou
de ser a lua da Terra
e não o sol
da lua da Terra.

Eu também
já me conformei
de ser apenas a lua
dos amores
que me aterram.

PRESSÁGIOS DE KAZUO OHNO

Presságios percorrem
o que resta da sexta-feira
cicatriz que corre o dia
treze até o meio da noite.

Não sei em que momento
exato do pressentimento
abre-se a cratera
da sinistra agenda.

O patético de uma data
premeditada para o terror
é o relógio das certezas
não ter ponteiros.

CONTO ARGENTINO

Diante da solidão,
da insistência,
do imenso chão,
só mesmo o acaso,
a espora
e a consistência.

Se cair
uma vaca do céu,
e uma mulher
insistir
com a pálpebra
iluminada,
vencemos, enfim,
o retrato da mãe
sepultada,
e a Guerra
das Malvinas.

Senão, restamo-nos
atrás do balcão,
somando parafusos
numa loja de ferramentas
obtusas.

A Argentina
é a mais triste
das nações.
Não copulou
com índios

nem com negros.
A Argentina
tem uma espada
inglesa
cravada no coração.
E nada supera
o torpor desse tango.

LOS HERMANOS

Nunca mais jantaram
depois daquela noite.
Eram irmãos.
Saíram para a rua
apenas a conferir
o olhar dos guardas.
As meninas de sainhas
curtas pareciam
balões de papel
voando para o céu.
Os postes negros
estavam enrolados
de sangue, mesmo
antes da tragédia.
No devido
tocavam um tango.
Fumaça de charutos
embriagava
os poros do prazer.
O que falaram
lá dentro, ninguém
saberia dizer.
Eram irmãos.
Vestidos de preto
como os garçons,
carregavam fortunas
de ódio nas pastas
de couro argentino,
mas se amavam

como os touros
das campinas.
Deixaram em casa
as esposas fiéis,
porque filhos
não partilham o fel.
Lá dentro, entre ostras,
foie gras e lagostas,
lamberam os lábios
no "sauternes" doce.
Eram irmãos
até no gosto.
Pouco importa
que o avô imigrante
só tomasse sopa.
O que falaram
antes de riscar
os paralelepípedos
com a espada
não se sabe.
Eram irmãos.
Um cheiro de pólvora
se misturava
com as meninas
de alegre sina.
Ninguém fica triste
durante
uma pantomima.
Só os guardas
de costas para a cena,
em cada lado,
ruminavam
a sua mira.

Pau-mandado
e pago
não indaga
a que a bala
se destina.
Só nisso
difere
do mandante.

O enredo tinha tudo
para dar certo,
cada um
julgando-se liberto
do entulho do sangue.
Mas não perceberam
que o mal
reparte-se por igual
na hora da morte.

TANGO

Só o coração vadio,
que pratica o sangue
num terreno baldio
de Buenos Aires,
conhece o tango.

Só o dono
de um punhal
pode tirar
esse animal
de uma bainha
de carne
e outono.

Mas há sempre
uma esquina
na decisão
que o insano
proclama
com a arma
na mão.

Quina
onde
o destino
indica
uma rua
na contramão.

Na razão
se dá
o que tinha
de ser.

Na Argentina,
dançar
é o que
se pode
dar ao ser.

MÉXICO

CIUDAD DE MÉXICO

EN LA CASA DE FRIDA KAHLO

Todavía no entré
en la casa de Frida Kahlo
con sus paredes azules
y su portón cerrado.
Era una tarde de fiesta
por Benito Juárez
y por el petróleo protegido
de las ásperas manos del Norte.
Era el claro equinoccio
de primavera.
Ya no pude ver
la cocina de sazones
y de temperamentos
de Frida Kahlo.
Tampoco pude ver
cómo se ama a un hombre
que ama lo que sus obras
representan.
No supe cómo podría ser
un almuerzo con Diego,
un dicho profundo
sobre la condición humana.
Los mariachis son austeros
como la casa de Frida Kahlo
donde la mujer de México

vivió con Diego Rivera.
Pero tienen esos mariachis
la melancolía que supone
la idea misma del amor.
No entré en la casa de Frida
aunque esté abierta
a esos perros humildes
de la fortuna, los turistas
de martes a domingo,
de las diez a las seis
de la tarde.
Era un día de fiesta
por Benito y por el petróleo
y yo no me consolé
en el lado de afuera de sus vidas.
Estamos siempre en el lado
de afuera de la vida de los otros
y nos detenemos a admirarlos.
No pude ver los andamios
de donde bajó
a lo negro profundo
de las tintas de la muerte.
Ella, tan acostumbrada
con los matices serenos
de las acuarelas
y el rigor de la plomada.
Caíste Diego y todos caen un día
del mismo andamio
de ellos mismos.
No entré en la casa de Frida Kahlo,
puesto que la cerraron
en el equinoccio de primavera
y nos dejaron afuera

como a los perros
de una catedral cerrada.
Yo sé que estoy
en el lado de afuera,
mientras los perros solamente están afuera.
Es tarde y ya no necesito entrar.
Me acostumbre con el calor azul
de los muros y con esa mirada
de ver lo que no me es dado ver.
Invento, pues, la casa de Frida,
¿Y no es eso, por acaso, lo que hacen
todos los hombres que inventan,
todo el tiempo, los deseos
que nos adentran?
Cuantos amores tuve
como esta casa
en la que no pude entrar.
He sufrido el peso universal
del deseo, por carnes
que no toqué, por voces
que no escuché, por diálogos
que imaginé.
Lo mejor de los amores
es inaugurarlos
para que los relojes
no se arrepientan
de marcar las horas
no vividas de la vida.
Me siento adulto
delante de la casa de Frida,
puesto que soy el que sabe
estar afuera contemplando
la pesada mesa

en la cual Frida y Rivera
desenvainaron sus desayunos.
lo importante no es entrar
en todas las casas, sino no estar
totalmente afuera de ellas.
Mejor esto que el pobre Orfeo
que no resistió a la tentación
de entrar en la casa de Frida Kahlo,
incluso cuando sus puertas,
por supuesto, estaban cerradas.

TEOTIHUACAN

Antes de Cristo, no registro,
depois de Cristo até São Francisco,
ruínas preservadas
por manhãs de terra,
pedra, como nós outros
quando voltamos às trevas.

Todas as origens
são religiosas.
Obras de barro e de carne
pintadas e retocadas.
Duro piso de concreto
que a cal e a água
o pó da pedra amálgama.

Pirâmides suportam
os templos na memória,
perdidos na fé e na fumaça
onde os castelos se irmanaram
com as casas, lado a lado,
da plebe paralela ao estádio.

Frequentavam-se reis e índios
na mesma festa de sacrifícios
dos cordeiros e corpos humanos,
com a mesma alegria do fogo.

Eis um vale de deuses
habitados por montanhas.
Deuses que se empregam
em qualquer civilização

com um único desejo:
serem amados como os homens.

Mas os súditos de Fernando
não logram compreender,
nem isso, nem nada.
Queimaram tudo
para buscar o ouro pronto.

Queriam o ouro sem arte
Preso na garra das minas
e nos arreios das gentes.

Trouxeram um novo Deus
onde havia Deus suficiente.
Derreteram templos de madeira
sobre os altares de cera.

Setecentos anos depois de Cristo,
os nativos cortaram
a natureza do vale
para fazer utensílios e lajes
de madeira roliça.

Com o sopro do aquecimento
no estertor das árvores,
acenderam fogueiras rituais
para aquecer as almas.

Foram-se os rios
na seca sagrada
do progresso.

Mas o precioso mineral,
o símbolo da vida,
não vem dos deuses,
vem da natureza criada.

No dia da purificação,
da natureza cósmica do cultivo,
sou babaçu, *miguey*, sou tudo,
planta de enredo espinhoso
carícia, flechas, agulhas,
para coser a vida e a descida.

Mantas e roupas nos cobrem
enquanto poetas e papiros
nos inventam.
Em documentos
que os espanhóis
queimaram
por sabê-los fermento.

No seio de um cacto
navegam doces águas.
Amamentam crianças e adultos
com um mesmo álcool de sonhos.
Só o árido convive
com a sobrevivência.
Casas que parecem templos,
olhos negros de basalto,
esculpem criaturas
de uma cultura sem aulas.
Deslumbram e revelam
a nobreza da matéria,
e das mãos que nela se acabam.

COLÔMBIA

MEDELLÍN

Medellín respira,
y en eso orgasmo
vive la medida del tiempo.
No tuvo miedo de España
ni tampoco de hijos indeseables.
Si, he dado tiempo
a la sombra del tiempo
para volver en la cola
de la primavera.

Su esencia. Semeja lo que perdió
e no se pierde de lo que encuentra.

Disemina libros
en el barrio de las latas,
montaña de olores raros.
Tiene olfato en la piel
Y en la mirada,
no se deja engañar por las brisas
de una rosa importada.
Tiene sus propias rosas
para imponer el olor de la patria
En la encuesta del destierro,
donde luciérnagas
no conocen la soledad.

En la plaza, con el pueblo,
bajo la úmbria del cobre encantado,
Botero se impone como facto y como arte.
Vendedores de limonada,
de alma y de colores
imantadas en la retina vaga.
Solo es plaza donde el pueblo se abraza.
Prostitutas honorables
con anchos sombreros,
panamá en el acero.

– Vendo pompa de jabón.
No cuestan nada.
Soy Medellín en el chorreo.
Recojo lo que sobra de la catarata,
mientras el ojear se escapa.
Aunque duermo, la ciudad se propaga
en justísimas camadas de ser y de saber.
Puesto que el resto no vale nada.
de Cartel me cambie en Ciudad,
de todos la bien amada.

UN VUELO SOLTO

Para Juan Fernando López

Un niño perdido
en las nieves
no es un pájaro suelto
en las nieblas.
Al pájaro cumple
el reto de un vuelo
en el infinito.
A un niño perdido
en las nieves
solo resta la ayuda
del destino.
La nieve es un nido
sin fronteras.
Tiene el olor de lo blanco
y el calor de una manta.

Eras un niño perdido
en la nieve.
Hoy eres un hombre
en la superficie
de la tierra.
Tienes barba
y crepúsculo
sobre la cara.

Hasta en la lógica
del destino
hay esperanza.

EQUADOR

A LINHA DO EQUADOR

Pus um pé
nas grandezas
do Norte
e o outro
em minha
aparência.

Muito perto
de Quito
com um chapéu
panamá
a proteger-me
do sol a pino.

Nunca me senti
tão geografia
nessa metade
exata do mundo.

No fundo,
mais que o mapa,
senti a condição
humana
no Mapa
do Mundo.

No lado de cima
a soberba
que nos domina,
chicote
com cordas
de brisa.

Em baixo,
a mestiçagem
resignada
que se fez
com esperma
e cinzas.

A Metade do Mundo
é o único lugar
para se comemorar
o fato que o mundo
não é inteiro.

Tem o primo pobre
e o primo com dinheiro
e esse fato corriqueiro
muda a natureza
dos locais
e dos forasteiros.

Perante o câmbio
espelha-se a Terra
inteiramente.
Nada se iguala
quando a moeda
é diferente.

A linha do Equador
é um cinto esticado
no ventre obeso
do planeta.

É a igualdade
que essa verdade
enterra.

A miséria
não está
num lado
ou no outro,
está desenhada
para sempre
na linha
divisória.

A TERRA É REDONDA

A Terra não é redonda, é oblonga,
como um meteorito na sombra.
Não há esfera em todo o Universo,
tudo são invenções da geometria.

A menor distância entre dois pontos
é a trilha que percorremos, por encanto,
cheia de caos, abismos e obstáculos,
percurso dos amores que perdemos.

Se a Terra fosse redonda,
a bela rodovia onde moramos
nos levaria, depois de muito tempo,
ao ponto de saída, onde estamos.

Não vejo na geografia terrena,
de confiança, nenhuma geometria.
Só os deuses desenham o certo
por linhas tortas, e também erram.

A Terra não é redonda, tudo bem.
Contente-nos a geografia do incerto.
Só olhando muito longe, no além,
conseguimos ver o que está perto.

O que vemos aos nossos pés, por certo,
é a sombra incerta de nós mesmos.
Sobre a areia, o barro e o asfalto,
sombreia o corpo da alma, rarefeito.

Só o horizonte desenha o círculo da Terra,
miragem de lentes, olhares e fantasia,
que fazem na distância inconsequente,
como esfera, a Terra parecer fria.

A manchete dos jornais me aterra
com essa revelação, assim, ignara.
Quem sempre errou redondamente
não consegue repor o prumo da ideia clara.

AULA DE GEOMETRIA

I

A Terra
não é redonda
é oblonga,
e se o fora,
só no foro
íntimo
dos geógrafos.

Mas é azul,
como dissera,
lá do céu,
o incrédulo
Gagárin,
enviado
de Stálin.

II

Deus ou deuses não diferem
na geografia tênue do Universo,
onde pastamos irrisórios
com nossa fama de humanos.

E tudo em que acreditamos
é apenas o que foi ontem,
mas quando nos debruçamos
no amanhã, contêm,

em dúvidas, certezas
que esquecemos.

III

A terra não é redonda.
Não há esferas na natureza,
com certeza. Nem o leão
tem essa alteza.
Nem o sim nem o não
contêm a geometria
dessa volta precisa
que o quadrado encerra.

Todo círculo é uma fantasia
de atalhos
por onde nunca se chega,
sejam tortas essas vias,
sejam retas rodovias.

Não adianta buscar
o caminho mais curto
entre dois amores,
nem o mais longo.
O que se perde
não cabe na geometria.

NOVA YORK

JOÃO GILBERTO EM NEW YORK

– João! A sílaba
trouxe-me o som,
um som com vírgulas
na composição.

Hoje, vejo a razão:
a compreensão da palavra
no raciocínio do som.

Uma alegria rara,
na contramão,
no abuso da melodia
com pontuação.

Parece que Antonio Candido
penetrou a canção do João.

OLHO NO OLHO

Na perigosa
advertência,
abri os olhos
ao encanto.

Como pode um cidadão
com documentos
resistir à sedução
do ilícito, no outro?

Como pode se opor
ao canto da frágil
identidade perante
o acaso do outro?

Do olhar do corpo
só o outro nos tira.

Se não, o desejo
deixa o desejado
exposto, no outro.

E nós perdemos
o oportuno
encontro
do olhar
com o pudor
do outro.

SOHO

Soho sem reminiscências
do beco pernambucano,
do Pelourinho ou
de Copacabana.

Soho das verdades e do erro,
onde modelos armazenam
essa Roma do desterro.

Soho das ostras
sem preço
e dos passaportes
mundanos.

Egresso
nesse paraíso
de trevas,
atrevo-me
a ser romano,
antes de ser
mais grego
que americano.

THE HAPPY ACCIDENT

The great river
was sleeping
during the winter,
awoken by a noble
American Air Bird
seeking shelter
in this improvised nest.

The fragile pilot soul
was a simple man,
with a careful life.
He knows
his job, as Einstein
knew his own.

One hundred fifty
five small bird souls
were crying
and praying inside.

My God,
what silence!

Each one
waiting for the
show of death
in New York City.

The American Air Bird
landed on the river

named Hudson,
ever since
Abraham Lincoln
was a little boy.

The people of New York
gathered calmly to see
the cold Manhattan's
landscape
void of the
Twin Towers.

I can personally
tell you
that those bird souls
were not really
very happy.
They imagined New York
to be more pleasant.

On the left side
of life
people didn't care
about the cold weather.
They were warmed
with coats
bought during the
lasted Black Friday.

The spectacle
of life
is always
very warm.

THE BALTHAZAR

If I always offer
oysters and crabs,
it is because I ever notice
the harmonic glance
of mind, face beauty.

I am not talking
about an obvious
canonic pearl.
I am talking
about the invisible
porcelain of
the oysters.

I can confess.
I like champagne,
and a white
linen napkin
to clean my lips.

Table by table,
I ride the invisible
way to give tips.

I love the
tenderness
of a dinner
after the
transparence
of a dry martini.

But nothing
can be compared
with the noise
of a fashionable
restaurant
in New York City.

A NOITE ADOLESCENTE DOS DEZENOVE

Quando entrei
nos dezenove
vi a noite
me possuir
de universo,
no *"cul-de-sac"*
de uma viela
aristocrática.

Pensei tornar-me
um ser de sal,
imóvel e branco,
como o David
de Michelangelo,
mas a noite
era de prata,
não de mármore.

Quando saí
dos dezenove,
pensei que o mundo
ia acabar.
Não havia
vazio maior
do que o vazio
dessa melancolia.

Que horror
a beleza
da adolescência.

Que dor.

Nada preenche
o horizonte,
nem o presente.
Nada contenta
o corpo,
nem a mente.
Tudo
é um pouco menos
do que se sente,
e mais
do que o corpo
pretende.

Se não fosse
a ideia pueril
de ser santo,
eu me teria contentado
no aconchego
de um *blazer*
da Brooks Brothers.

SÃO PAULO

MENINOS DE RUA

Entre fevereiro e março
do verão intenso, deparei
com dois pássaros mutilados.
Por certo, dois mulatinhos
sentados, lado a lado,
na calçada.

De graciosos só tinham
dois olhos, plantados,
no mesmo olhar.

Não é raro
ver pássaros descalços,
suaves farrapos de pele
dos pés à cabeça.

Não é raro,
mas passam
despercebidos,
como a dor
num corpo alheio.

Esses doizinhos,
lá por fevereiro,
ainda estavam inteiros.

Um cigarro dava ao hominho,
ao lado da menina,
um teor gráfico,
fotográfico,
museológico.
Juntos, antecipavam
o catálogo de março.

O cigarro não tinha fumaça,
era apenas um gesto
do pássaro.

Não se ouviam palavras,
nem mesmo cumplicidades.
Cada um existia,
um ao lado do outro.

Destino não soma,
por mais que a carne
abandonada
junte um osso
a outro osso.

Pássaro não passa fome,
há sempre migalhas.
Há ainda o hábito
de preservar os pássaros.
O único gesto que sobrou
da piedade burguesa,
é a sopa noturna
em todos os invernos
urbanos.

Os dois pássaros
estão despertos,
não há sono que os afaste
das ocorrências.
São dois fiapos atentos
à solidão decorrente.

Ninguém
que os recomende
ao ninho,
tampouco ao degredo.

Só resta a calçada,
a calçada de cimento,
embaixo das bundas
magras.

Esses pássaros
que deparei,
entre fevereiro
e março,
não cogitam
da crueldade
dos meses,
como os poetas
irlandeses.

Qual a crueldade
de estarem sentados
na beira da calçada,
quando tudo,
também é nada,

e a calçada é o nada
embaixo do nada?

Tenho passado
por essa calçada
de pássaros e nadas.
Eles estão lá, pertinho,
mas desencontrados.

Tudo o que lhes sobrou
é ser, o cada um,
ao lado do outro.

"COMOÇÃO DA MINHA VIDA"

A lava neste quarteirão
ao lado do rio Tietê
não tem a dimensão
eólica dos vulcões.
É lava de pau-a-pique,
de pó, pólvora e fuligem.
É lava para narizes finos
como os biscoitos de Oswald.

Só existe a cidade
na dimensão do corpo.
Tudo mais é embalagem.

A chamada qualidade
de qualquer vida
é pura miragem
cercada de grades
de cima a baixo
no oásis senhorial
da propriedade.

Só a cidade decorre
da sua natureza.

Além desse horizonte
não há o permanente
que se supõe existir
desde sempre.

Não há o entre
o que se perdeu
e o presente.
Quem duvidar
desse espaço,
áspero,
adstringente,
vá morar
num raio melhor,
que o parta.

Ao lado do Tietê
sinto-me gente,
com a certeza
de quem morde
com o dente.

Só a cidade
reveste
um homem
exigente
no ritual
do que cala
e consente.

Ao lado do Tietê
em seu nascer
ou seu poente,
me identifico:
sou patente,
legionário,
descendente,
sejam quais forem

meus antecedentes,
meu Serasa,
minha gente.

Se venho de longe,
se de perto, de navio,
de chinelo, de Cadillac
ou de Ford Bigode,
sou o fulano de tal
desta cidade
e ninguém
com outro
me confunde.

Não é o fato
estatístico
de eu ser paulistano,
é a vizinhança
mais romântica
de um Tietê
íntegro, sujo
e estranho,
do qual me orgulho,
não me envergonho.

E esta
é a minha
forma local
de ser nacional,
forma aldeã
de ter passaporte.

TIETÊ OU AVENIDA PAULISTA

Se esta rua fosse minha
em sua escala mais exata,
fosse rua ou fosse praça,
apesar de sua graça,
sombria ou inexata,
ia enchê-la de passeatas.

Com meninas bonitas,
catalogadas,
com meninos
de face larga,
com adultos
de bermudas
buscando a cara
e a metade,
com funcionários
cansados
de fazer tudo
e fazer nada.
Com soldados
esperando a refrega
do cara-pintada,
com fotógrafos
zelosos do foco,
que trocam o fato
pelo furo.

Gosto de passeatas,
como do rio
que não passa

em minha aldeia,
porque não moro
em nenhuma aldeia.
Aqui o rio é denso e viscoso,
pelo que se vê de perto.
É rio, geografia
e doença, pois vive
em tratamento.
Tem a febre
que não ferve
num leito
que não navega.
Mas é nosso,
como é nossa
a literatura.

Gosto da Paulista,
rio por onde passa
a passeata.
Na avenida
a vida navega,
com skate,
sandália
ou trapaça.
Lá é justo
o que passa,
o que pede
e o que tropeça.
Mesmo que a passeata
não haja composto
inteiramente
a peça.

Mas alerto
que passeata
se faz com gente
que vai à passeata.
Exerce o exercício
da cidadania
como um ginasta.
Tem altitude,
densidade,
embora não seja
o monumento
da saudade.

Alerto
que o militante
não percebe a passeata
quando a transforma
numa ata.

Alerto
que o anarquista
de pura casta
não engrandece
a passeata
quando a desata.

Alerto
que o imbecil
com máscara na face,
com medo de se queimar
no sol da camaradagem,
avilta, escondido,
a passeata.

Assim mesmo,
encheria esta rua,
e todas as praças,
sem bravata, nem cascata,
com árvores e passeatas.

Caminhar é mais
que preciso.
É conciso.

URBANOIDE

Não me alegro
do silvestre,
sou do cimento,
colado lado a lado.

Não me apoquentem
com ausências
do cerrado.
Alameda urbana
também é prado.

Não tem vaca
por certo. O leite,
e tantos outros,
é desidratado.

Na avenida
sinto-me arejado.
Nem a alma
pede brisas
de almas aladas.

Bastam os conflitos
da existência,
falam mais alto
que a natureza,
são mais inteligentes.

DIALÓGICA CIDADE

Pré-lógica

Vejo-me
um dia
entardecido
para encher
o vazio
de plenitude.
Melhor
que um calendário
amedrontado
importa
a virulência
desta agenda.

Num só poente
o sol
derrete.

Quando a cera
é boa, a vela
se consome
inteiramente.

1.

Recolhe-se
a distância
neste frasco,

duas idades
reduzidas
num só tempo.

Eu logo
tu logas
diálogos
analógicos.

2.

Trovejam
os olhos
invejosos.

Espreitam
os pleitos
comedidos.

Condenam
os juízes
destogados,

reduzem
a réus
os condenados.

3.

Na vida
foste o vago

preferido,
vaso sem flor
partido
antes de usado.

Nem por isso
expuseste
o ambicioso
lado.
Regias
a orquestra
sem batuta,
embora
escondesses
o que foste.
Sorrias
sem risada,
vocábulos
sem sílabas,
eras apenas
o vulto
de uma dor
imaginada,
o som de uma
orquestra
silenciada.

4.

Tinhas na língua
a tatuagem
simulada
de um sofrido

e nas mãos,
gesticulada,
a mímica
do enigma.

Impulso de amor
no olhar
se vislumbrava
como escotilha
de um navio
perdido.

Círculos claros
em torno da pupila
dialogavam,
e uma estranha fala
nesse olhar
filosofava.

Com éticas proezas
ao estranho
se narrava,
com o belo verso
dessa espada
que se rende
ao dano de um amor
que não se entende.

5.

Na dose dupla
que bebes

com o ardor
de quem navega
sobre dois pés,
manténs a compostura
do navegante em armas,
mas no sapato
revelas
uma vaidade
escrava.

E o cara que amas
sem decoro,
melhor se
ele te amasse,
pois és superior
à beleza
que o outro ancora.

Pobre adolescente
marejado de heróis,
precisas do mar,
de mais cais,
de navegar.

Tua ingênua fortuna
não conduz à justiça
que te atiça,
apenas mantém aberta
a caverna à nicotina
em que se abriga
a inútil brisa.

6.

Dialógicas
premissas
expresso.

Na pressa
desses versos
arremesso

o preço
que represo
no negócio

de vender
a prazo
o apreço.

7.

Mutilo-me
no mote
malévolo.

Renovo me
no alvéolo
violado.

Alço-me
no anzol
dependurado.

Expando-me
no sol
abandonado.

8.

Cidadão,
me dei
em tirania

em nome
da cidade
dediquei-me

ao bem
ao tráfego
à folia,

no ditirambo
da praça
e da poesia.

O camelô
sem notas
ameaça.

Só vê a cidade
quem se vê
na calçada,

Primeira
instância
da cidadania.

Só vê a fachada
quem tem distância
na alma impregnada.

Não se iludam
o pedestre
e o cidadão,
na sombra
granítica
do calçadão.

Melhor congestionar
o homem do que
imolar-lhe o coração.

Cidade
não é coisa
de criança

é a frequência
mais adulta
da inocência.

9.

Homem
sabe
a cidade.

Passarinho
sabe
o ninho.

Amo-te
do cortiço
ao monumento.

No claro escuro
vórtice
do pensamento.

Da cumeeira
te contemplam
quatrocentos anos de obras,

que trocam
a pele
como as cobras,

enquanto os homens
se vestem
só de sobras.

10.

De Oswalds
desovam
desaforos,

único foro
da poética
discórdia.

O Metrô é apenas
um trem
no túnel do tempo.

O bonde,
um merencório
ornamento,

nostálgico
adereço
da memória,

na Praça da Sé,
só cola a fé.
O carrilhão

é um Beethoven
aprisionado
nas torres

da corcunda
Notre
Dame,

nave ancorada
à espera
de quem vá.

Enfune a vela,
o canto chão
que vem do teto

dispensa alto-falante,
são monges de São Bento,
antropolangelus.
Momentos
de uma dor
tão sutil

que berra
o bis
do infinito.

Diversamente,
o comerciante
se agita,

no estoque
do presente
grita.

E o menino da Bolsa
cheira pó
antes de sumir

na desalmada
velocidade
de sua Kawasaki.

O SANTA LUZIA

O Santa Luzia
desde os tempos
idos e vindos
é fina gastronomia.

Foi o primeiro
empório português
a vestir-se
com rigor inglês.

Gosto de ver
as judias
no fim do dia
comprando trigo
e melancia,
sem medo
da etnia.

Gosto dos velhos
que selecionam frutas
com olhar maligno,
pois todo velho
de tudo
desconfia.

Aprecio as moças
de bolsas finas
e saltos altos,
de saias curtas
e sobressaltos,

pois estão sempre
enfastiadas
com a vida farta.

Quem resiste
a tais temperos,
carne cara
e frutas secas,
vinhos velhos,
belga cerveja,
trufas brancas,
cerejas grandes
e gianduias miúdas,
vidros escuros
de azeite verde,
vidros claros
de champanhe
francesa?

Brasileiras,
italianas
e libanesas,
umas e outras
pelas gôndolas,
indefesas.

Casais gays
brincando de casinha,
depois que o juiz
homologou
a sentença.

Casais normais
brigando,
porque ele
gosta de picanha,
ela, de acelgas.

Empregadas
uniformizadas
cumprindo a lei
à risca:
carrinho cheio,
com a lista
outorgada
pela patroa
analisada.

E os sorvetes,
cremosos ou diet,
enchem o olhar
da criança
paralisada
no primeiro
paladar.

O velho português
incansável
confere o pão
de cada dia
e o freguês
da burguesia.
Há um rigor
de quartel
no estabelecimento,

e limpeza
de convento.

Um dia
quando crescer
o PIB,
qual fermento
de pizza,
a classe C
vai olhar por dentro
o que inveja
ao relento.

Não há mais
luta de classe,
há classes
em movimento.

Cada qual
espera o seu dia
de entrar
no Santa Luzia.

LIÇÕES

Aos meus netos.

LIÇÕES

I

A poesia não é gerada
de um ventre fecundo,
olho por olho,
dente por dente.

É feita com lápis
e serrote
sobre o fenômeno
da gente.

Não advém de suor
e lágrima,
nem da transpiração.

É o que se observa,
e o observado
consente.

II

Poesia é o olhar
que faz do semelhante
o diferente.

Não é preciso
ser Drummond
nem outro
que o imite.

Basta o compasso
e seu limite.

João Cabral
recomenda
o conciso.

Poesia vai
mais longe.
É a prática
do compasso
em busca
da profecia.

Somos maçons
da pedra bruta
que está por toda parte
e não se esconde
na gruta.

III

Não queira ser igual,
pois cada um
é igualmente
diferente,

nem compre
com o gosto
do vizinho,
seja mais
independente.

No *outlet* do acaso,
mesmo as sobras
do ano passado,
com algum
adorno exigente,
podem transformar a poeira
em caminho que leva adiante
o atalho que já está na mente.

A tristeza
não é um carro
confortável,
mas leva a gente.
E levar não é ir
muito longe.
É ter ao lado
o acompanhante.

Sem isso,
até o ouro
derrete.

IV

Ninguém é singular,
nem mesmo no abandono.

Ser é já ser
com você
na frente.

Abacate sem outro abacate
não fecunda a semente
no Jardim do Éden.

Poeta é um solitário
diferente. Só faz poesia
incendiado pelo ausente.

V

"Não descende o covarde do forte"
nem o poeta de um inspirado vate.

Faz o que faz o pintor
diante de um quadro:
pinta na tela vaga.
Nesta vida de vazios e detalhes,
o poeta escreve versos.

Não precisa escrever
a *Ilíada*, mas a sombra
que a aurora
transforma em dia.

VI

Não recomendo
ao poeta
arrependimentos,
nem que

rasgue o verso
em pedaços,
se o achar
indigesto.

Tudo é poesia
no arresto.

No encontro
do olhar
com o sujeito,
e do sujeito
com o objeto,
que em si mesmo
é incompleto.

VII

Poeta é um
encanador
prosaico.
Abre na sede
torneiras
de água escassa.

Tudo o que flui
com algum
encantamento,
do encanamento,
já é água suficiente.

Não se envergonhe
de ser poeta,
se o diabo o tentar
com a lira, a beca
e a coroa de louros.

Mas se o for,
se for poeta
em movimento,
apesar do demo,
seja por dentro,
um ser atento
ao que estiver
ao relento.

Todo invento
é um olhar fixo
do pensamento.

A LINGUAGEM DA POESIA

Fazer poesia
é descobrir
o novo
no mar
navegado.

É inventar
os arredores
da cidade
abandonada.

Só há, mesmo, poesia,
no roteiro atravessado
de Ulisses (da *Odisseia*)

Poesia é linguagem
crespa
de um mar atiçado
por ventos
mediterrâneos.

Mas toda a poesia
ancora
no patrimônio
do retorno.

A COR DA POESIA

Se eu encontrasse
na poesia
a cor verde,
mentiria,
pois desde a *Ilíada*
o poema tem a cor
prata, da glória
e da agonia.

Nem mesmo Lorca
faria do verde
uma cor poética,
e da lua,
uma discreta
rede.
Mas só mesmo Lorca,
o cantor gitano,
poderia sonhar
um tango
na pálpebra
cerrada de Borges.

Quando o poeta
foi a Buenos Aires,
Borges era criança.
Não poderiam
trocar milongas
nem canções
andaluzas.

Mas todo poeta
está subentendido
na obra de outro poeta.

SÓ HÁ UM POEMA

I

Existe, no estoque
do Universo,
uma só poesia
escrita em verso.

Existe assim,
e assim o mundo,
de terra, ar,
de água e fogo,
e um só poente.

Os versos que se escrevem,
já se inscreveram
na pedra disfarçada,
desse livro
de antigamente.

Até Homero,
o maior dos poetas,
escreveu o que
sempre existiu
na memória falada
dos gregos.

Há poetas menores,
não há poetas menores,
pois todos pegam carona
no trem poético da história.

II

Há uma só poesia
e muitos poetas
nas pegadas.

Deus a fez
no dia da criação
e a escondeu
como os ovos
de chocolate,
para que a encontrem
na ressurreição.

Cada homem pode ser
um catador de poesia,
como há
catadores de lixo,
de erudição,
de alegria e dor.

Somos todos,
como Colombo,
descobridores.
Não criamos nada
apenas inventamos,
chegamos ao criado
como recomenda
a douta filologia.

III

Deus é autoritário
em sua autoria,
e autoritária
é a natureza
quando cria.

Nem o tornado
do Missouri
ou o vulcão
da Islândia
vão destruir
o poema
com milhões
de fonemas
doces
e tóxicos.

Nem os mísseis
sem pilotos
de Bush
vão acabar
com as raças
de humana graça.

Uma simples rosa
é mais forte
que a Casa Branca.

Poemas perduram
no holocausto

com os alvos dentes
dos poetas calcinados.

Buscai, poetas
de todo o mundo.
A poesia está
por aí, escondida
como as promessas
da Páscoa.

IV

Afinal, onde está a poesia,
dentro de mim, na inspiração,
na foice e no martelo,
na carpintaria, no suor do rosto,
no pôr de sol, na andorinha,
no marinheiro perdido,
no cio da mulher amada,
no colega da infância,
na professora das primeiras letras?
Onde está a poesia?

Seria por demasiado banal
dizer que está dentro de mim,
e inútil dizer que está alhures.
Anda mais perto do que
presumimos, na respeitável
distância do que assumimos.

Não basta encontrá-la,
é preciso convivê-la.

Não basta vê-la,
nas chamas débeis
da vela,
é preciso recolhê-la,
pôr os dedos nela,
e com eles esculpi-la,
pois sem isso, a poesia
é nula.

POESIA

É olhar as coisas
com a estética
das metáforas.

Olho num olho
que não vê,
mas retribui.

Empurrão
na cachoeira
que despenca.

Abraço no desenho
de nanquim, a livrar
o branco do traço.

Mergulho na tina
da memória e o retirar-se
humilde, sem história.

Úmida língua humilde,
como dizia
Octavio Paz.

Prestação de dor
ao Deus
exigente.

Confinamento,
quando a luz convida
ao êxtase.

Êxtase,
quando a sombra
recomenda prudência.

Troia, exata,
na sétima
camada.

Heitor
morto
sem morada.

Aquiles
herói apenas
destinado.

Puta que pariu
na hora
da morte.

Pôr de sol
exilado de um quadro
com pôr de sol.

Amor quando
o amor pulou
o muro da prisão.

Um bom adjetivo
no lugar
do proparoxítono.

Um não à inspiração,
um sim à razão
que corrige a emoção.

Folha em branco,
embora não reconduza
ao verso o ser amado.

Olhar com a língua
úmida
o cão sem plumas.

Gostar dos relógios
e das horas perdidas
nos ouvidos do tempo.

Olhar ainda mais
o que sobrou
da velha avenida.

Poesia é
não dar tempo
ao tempo.

Melhor do que esquecer
é escrever com pó
o parágrafo seguinte.

Poesia está
em toda parte,
como Deus se pretende.

Livre-arbítrio
não dá poesia,
mas dispensa caligrafia.

Poesia exige clareza
quando se olha
o olho da pia.

Duchamp não inventou
a poesia do objeto,
o mictório inventou Duchamp.

Viver nos inventa,
e essa é a poesia
que alimenta.

GAIOLAS PÓS-MODERNAS

Quando se enquadra
o pássaro na moldura,
muda-se a liberdade
em arte pura.

Cala-se o pássaro,
fala mais alto
a ruptura.

Perde-se a ternura
do pássaro
no contemporâneo
que o emoldura.
Fala mais alto
o ouro que a doçura
silvestre, nessa aura.

Jaz o canto animal
na floresta capital,
tudo vira arte
no pagode tropical.

Enquanto a moldura cochila,
o pássaro voa mais alto
que o mercado,
pois nada é eterno
sem moldura.

LÍNGUA PORTUGUESA

Não basta
ser poliglota
para falar
a própria língua.

De todas, és
a mais difícil,
pois não te alinhas
com o que se ensina,
e só te rendes
com o que
se aprende.

Tens verbos
no infinito
presente,
que mais parecem
o infinito ausente.

Tens verbos
no pretérito
impotente
que nos
confundem
e impedem
uma fala
coerente.

Tens rimas
demasiado fáceis

que dificultam
a liberdade
do poeta
ser artista
em vez de um
repente.

Tens gerúndios
abundantes
que atropelando
o barco
no tranquilo
navegar
de antigamente.

Possuis adjetivos
a consolar
o penitente
como um provérbio
que mente.

Mas és linda
língua,
redonda
como aguardente
que percorre
a goela com
circunflexo
e com trema,
cê-cedilha
e outras
armadilhas.

Aparada
como a língua
grega,
aveludada
como o russo,
passas a lição
do levedo:
quando cresce
dá medo.

INFÂNCIA

JARDIM DA INFÂNCIA

1

Minha infância aquece travesseiros
gregos de um velho renascimento:
Cristina, Nívea, Sóstenes e Antonieta,
monumentos inaugurais da ciência
colados na retina com inocência,
no Externato Macedo Vieira.

Aprendi, com esses anjos, a amar a pátria,
antes mesmo de aprender a língua.

Os plúmbeos noticiários da BBC
ensinaram a dureza radiofônica da guerra,
e nas ruas recolhemos latas velhas
para fabricar os canhões dessas batalhas.

Os perversos afundaram submarinos,
com morteiros, nas águas fundas do pré-sal.
Meu avô engenheiro já os desenhara,
com asas e desenvolturas de avião,
para combater, no futuro, os amarelos,
que iriam dominar o mundo e desfazer os elos.

Fiz meu primeiro discurso na ponta dos pés
para igualar-me ao capitão de mar e guerra,

que, do alto da farda, presidia a terra.
Eu tinha dez anos de vaidades escondidas
e fiquei orador pelo resto da existência,
em festas, homenagens, casórios e condolências.

É impossível respeitar o silêncio nas horas
da grandeza. Só a palavra sela o luto
e cobre a tristeza com seu concreto.
Nem todas as flores fugazes do mundo,
nem as lágrimas profundas de órfãos e viúvas,
enterram a morte como um bom discurso.

2

Minha mãe, nesse tempo, era apenas princesa
de um cotidiano de beleza. No Dia das Mães,
eu e meu irmão abusávamos dos adjetivos,
com letras mal alinhadas e palavras lambuzadas:
mãe querida, amada e idolatrada, como um hino
de margens plácidas e pátria amada. Salve, salve.

Jamais, mesmo no completo desvario da paixão,
voltei a chamar alguém de idolatrada, e achei
ridículo chamar a pátria de amada e salve, salve,
então, encontrei no baú da memória, autografada,
a fotografia de um colega, politécnico, de meu pai,
ao idolatrado amigo, com fina pena, dedicada.

A infância é um carrilhão de pequenas surpresas
chamadas crescimento. Só os símbolos perduram
de cada encruzilhada. Em dia de chuva ninguém
saía da escola desacompanhado. Só gozava

dessa liberdade quem tivesse guarda-chuva.
Foi quando ganhei, no meio da aula, a liberdade.

Meu irmão, meio galo, era de briga; na escola,
eu era de versos e discursos, não brigava,
mas, no fundo do coração, por certo o invejava.
Fui sempre assim, menos Ulisses, mais Proust,
embora não o conhecesse, nem o admirasse.
Nada se compara, entre colegas, com uma disputa.

Saber é tão melancólico quanto amar, aprendi,
e a adolescência é feita desse mesmo amálgama;
enquanto buscávamos a sabedoria e o amor,
sempre nos sobravam a melancolia e o rubor,
medo da namorada, do amigo e do professor,
medo do corpo e, muito mais, medo da alma.

Concerto para violino e orquestra, de Paganini,
ouvi com valsas de Ravel, *Pines of Rome*
e de Respighi, *Plaisir d'Amour*, de nós mesmos e
havia mais: vivi. Inveja, mãos dadas e o tempo,
da tua ausência. Alguém dizia: – Ouvir ou não ouvir
a tua voz é a medida do meu tempo. Era Borges.

3

Se abril é o mais cruel dos meses, dezenove
é a mais bela das idades, entre ser jovem e
o porvir do homem, entre ser ou não ser nada.
E até hoje, perante os fantasmas de Hamlet
e a covardia moral de Macbeth, me indago:
qual é a hora, a menos triste da jornada?

O que faz um homem, dizia Maiakovski:
"É a vida e seu ofício. Não há nada mais difícil.
Melhor morrer de vodca do que de tédio",
não há nada mais propício. Precipício.
Péguy, Bloy e Claudel pensavam diversamente.
E eu, que queria ser santo? E você, que, igualmente.

A política, como as formigas, é insistente.
Entra no formigueiro da gente, constrói
repúblicas inconsistentes; pede ordem
onde só há gente complacente, destrói
utopias, para satisfazer a ordem vigente.
Mente. Muda o caráter de quem consente.

Começamos moralistas, nos tornamos socialistas,
dos riscos e das dores nos arrependemos,
com a real realidade nos comprometemos,
com o tempo nos deixamos, e percorremos,
para chegar, todos nós, no terreno onde chegamos.
Chegar onde estamos, e refletir sobre o que somos.
no meio do caminho dessa árdua percorrência
encontramos a mulher que seria amada, ungida
e santa, como a pavana solta, na pátria do poema.
Só a mulher nos ensina o amor que não dispomos.
Só elas nos colocam onde nunca, deveras, fomos.
E aí, ficamos, mesmo quando as perdemos.

QUEDAS D'ÁGUA

Pediram-me
que escrevesse
uma poesia
sobre a cachoeira
de Paulo Afonso,
que eu nunca vi.

Pensei inspirar-me
na Foz do Iguaçu,
mas nunca
estive ali.

Lembrei-me
das cataratas
de Niágara,
tão por fora
da minha
geografia.

Achei-me
um imprestável poeta
diante da minha neta.

Desculpei-me,
mas notei
que mesmo
uma criança
desconfia
de alguém
que só sabe

fazer poesia
do que viu,
como se
não houvesse
quedas de sonho
nas retinas.

LIÇÕES DE VIDA

A OUTRA MARGEM DO RIO

Ancoro-me
na outra margem
do rio
onde professo
o perigoso anzol
do pensamento.

Hei de pescar
frutos poderosos
para semear
o jardim público
das instituições.

Nada haverá
de morrer
enquanto o rio
se irrigar de ideias.

Tudo deságua
no mar
republicano,
mesmo o equívoco
de cascalhos
ambiciosos.

O mar do povo
filtra séculos
de privilégios.

Na lenta carroça
do tempo
a utopia passa.

Leva dentro
um homem solitário,
sonhador de ofício,
e de bons tratos.

Mas esse homem
sem importância,
guarda sementes
na mente

e assim se entende
com o plantio
que recomenda.

Tudo dá no mar,
basta ser paciente.

ALMAS PENADAS

As almas penadas também são almas,
aprendizado que à alma se reserva
no corpo, que por dever, a leva.

Lua, entre todas as luas, calma,
só o corpo vai mal nesse teatro,
ferida que por dentro se alarga.

É da alma progredir mesmo ao relento,
fica para o corpo, discreto elemento,
o consumir-se na liturgia do tempo.

Por isso, o que caminha de nós,
sem contentamento, é um pássaro.
A vida, apenas leva o vento.

Seria mais fácil compreender o avesso,
para que a alma, mesmo que torpe,
pudesse dar ao corpo a beleza que merece.

Tivesse o corpo, com o tempo, mais beleza
em que se aprimorasse a bondade
no decurso instável da decadência.

E a alma, de duvidosa existência,
provasse do caráter a excelência
de conduzir a vida em seu devido tempo.

A morte, fez do inferno o seu invento,
porque andar por milhas e por vidas
é consertar um carro malfeito de nascença.

É colher os frutos do percurso,
até porque não há certeza
de haver outro prato na sobremesa.

LITANIA

Por perdido
que estivesse
no mar, sem pressa.

Por mais
que se esforçasse
na Terra,
que o expressa.

Não decai
do seu pendor
o que esclarece,

pois a vida
só merece
o que a vida tece.

Não carece
confrontar
o que esmorece,

melhor tirar
da pedra
a água que abastece.

Pois é duro viver,
e viver
é empurrar o corpo.

Um peso
que sobe e desce
pela cabeça.

Trabalho
que não se mede
quando tropeça.

Perdão
que não se pede
quando carece.

Vingança
que não consola
quando ameaça.

Criança
que não cresce
quando nasce.

Adulto
que esquece
o que acontece.

Amigo
que no perigo
arrefece.

Mãe
que ama o filho
que não cresce.

Pai
que reclama
do filho que padece.

Sim
que não vê
o que apetece.

Não
que desconhece
o sim que amanhece.

O SER E O TRÔPEGO

Há tantos desejos
num grão de areia
que pensei tratar-se
de um deserto resumido.

Há tanta solidão
numa gota d'água
que mais parece
um mar na teia.

Em vão, desejo e solidão
no corpo de carne e osso,
são resumos do Universo.

Tudo é maior
do que uma aparência,
e mesmo a primavera
em seu esplendor
é uma cadência
de equinócios tristes.

E nós?
Meras sequências
genéticas
de auroras e ruínas,
glórias efêmeras
de êxtases repentinos.

Nada é eterno
em seu desabrochar.

As rosas,
com suas pálpebras tristes,
são recados
do transitório,
mas o gesto de oferecê-las
pode ser eterno.

O verbo em sua ligeireza
é ação de mais fôlego
que o substantivo,
em sua arrogância.

Ser é menos coisa
que andar por aí,
no trôpego, ao decair.

Há um desespero,
que o ser renega.
Ser é abster-se
de predicados:
crescer ou não ser.

Fazer amor é escapar
das essências
para tocar o sublime
na superfície do outro.

O RIO E O LAGO

Sei que não se pode
lançar tantos rios
em lago raso.

Rios são palavras
correntes para o gosto
parado dos açudes.

Com o oxigênio
da vida,
trazem erosões
desses quilômetros
corridos
e ignorados
da existência.

Ninguém chega
ao lago
impunemente,
mesmo quando
carrega
o passaporte
e documentos
do presente.

Um rio é sempre
suspeito por seus
aluviões imensos.

Contêineres de
commodities
encostam-se
nas margens
com venenos
civilizados
para aumentar
o plantio.

As matas ciliares
foram trocadas
pela moeda corrente,
em espaços arados
por sementes
inocentes.

Come-se com gula
um futuro incerto.
Os banquetes
da ambição
estão cheios de
filósofos e economistas.

Brilha o mundo
dos lagos
nas vitrines
de Harvard.

A euforia faz parte
do saber irredutível.

Ai de quem não acreditar
no mercado,

esse Deus
do lar piedoso.

Um dia o rio
chegou ao lago
com advertências
inúteis sobre
a sexualidade
dos anjos.

Os peixes fecharam
a porta de
seus estabelecimentos
lacustres.

Mas antes
a miséria
profunda
que o mau
agouro.

Os rios,
como as manadas,
chegam impuros
ao lar do lago.

MEUS OITENTA ANOS

I

Oh, que saudades
que tenho
do ocaso
da minha vida,
quando tudo
não leva a nada.

Quanto tesouro,
quantas alfaias
guardadas,
quanta luz
em penumbra
transformada.

Que saudades
dos amores
que brotam
nas calçadas
depois de passar
a carruagem.

Oh, que saudades
que tenho
dos últimos tangos
na estrada,
bandônions
que dizem tudo

na hora
errada.

Saudades
da filharada
que ficou adulta,
com o nariz
empinado.

Saudades
das comidas
que fazem gosto
ao paladar
cansado.

Sinto saudades
do entardecer.
Na aurora
eu era muito
pequeno
para entender
a cilada.

II

Oh, que saudades
que tenho
da vida
no ocaso –
não acaso.
Os pássaros
não gorjeiam

como lá,
nem gorjeiam
neste lugar.
Restam os ipês rosa,
absurdos de sol
e natureza,
como aqueles
que enfeitaram
a despedida
de Ruth Cardoso
no Consolação.

III

Todo ocaso
tem Debussy
tocando a nota
errada.
Tem Rimbaud
na frente
de quem
não faz nada.
Tem um Beethoven
comemorando
a vitória errada.

Todo ocaso
Tem um Blum
plantando tudo
para colher
moderado.

Todo ocaso,
de partitura
em partitura,
traz as enchentes
de Mahler
que não desaguam.
Todo ocaso
tem seu Goethe
mandando salvar
com o amor
o inevitável
pó da estrada.
Todo ocaso
é um tributo
fora de hora
aos pais
que cantavam
melhor
na aurora.

UN-HAPPY HOUR

Antes tivesses deixado
apenas a sombra
nesse refúgio de carne
que os amores exalam.

Antes não houvesse eu,
por descuidada ambição,
oferecido um calendário
inteiro de paixão.

Estávamos na antessala
dos protocolos,
sem as fumaças
cruzadas dos cigarros.

Nosso olhar flutuava
sobre o cálice perfumado.
Nossas mãos apaziguavam
as migalhas do pão.

Os pratos não haviam chegado,
mas estávamos ali,
havia séculos, sentados.
Não tínhamos, ainda,
decifrado as cores
da caverna de Lascaux.

Tudo o que ferve
no animal contemporâneo

torna lenta a compreensão
do animal humano.

Não sou eu, apenas,
o culpado por esse
prenúncio de núpcias,
nem pelos proclamas,
exaltados, do coração.

Também entraste
na sala, como um espião.
Querias conhecer
o criminoso, antes do perdão.

Parecíamos, ao nos separar,
destinados ao aparato
da permanência,
mas, na douta inocência,
nos separamos.

Cada um voltou
à sua caverna
de nascença.

O EFEITO CARECA

Aliso o cabelo
como se farto.

Tudo o que resta
é mais amado,
posto que pouco.

Madeixas
são o passado
romântico
do esgotado.

Um dia,
curvo-me
à careca,
mas isso não
tira o gosto
de ver-me
no retrato.

O cabelo
foi farto
na juventude.

Hoje,
descabelo-me
antes do enfarte.

ARESTAS

Minha casa tem arestas
como é da vida tê-las à beça,
não são dessas da cabeça,
mas arestas com perna e braço.
Arestas não são frestas,
são punhais atravessados
no curso da vida e dos fados.
Arestas provêm de guitarras
afinadas, de coxas arredondadas.
Não são tais por suas falhas
nem por falta de espaço.
Uma fala atiçada as produz
ainda mais que a fala mansa.
Aresta é dor que se coloca
devagar na carne fresca.
É ternura que não polimos,
nem ponteiro na hora certa.
É não deixar que o mármore
aconteça com sua graça,
nem gesto, quando escapa.

CONJUGAR NO INFINITO

Encher a terra de grandeza,
o cálice, de vinho,
acrescentar à vida
o pedaço de si mesmo,
chorar perante o inesperado da beleza,
se conformar com a lentidão do tempo,
guardar uma palavra para o verso
quando compô-lo ainda pareça cedo,
recolher a pedra
da futura e última pedrada,
matar a sede sem ter água em ânfora,
saciar-se, embora sem fome
e sem alimentos,
fazer contas para distribuir
e não ásperas contas de recolher,
sonhar sobre a realidade e o mal
com os mesmos olhos abertos e brilhantes,
fruir, sem fazer inveja aos outros,
viver sem ter medo da morte
e, muito menos, da vida,
contar até dez se for necessário
e prosseguir até mais dez
pela vida, aos dez e adiante,
até que seja possível
encontrar uma razão
antes do grito derradeiro,
suportar o peso do parceiro,
saber colorir a névoa do outro,
sofrer perante a iniquidade,
mas preparando o gesto

iminente da justiça,
permitir, mesmo no signo de proibir,
saber reconciliar
na hora em que o orgulho
reclama presteza e gatilho,
renunciar a vitórias
mesmo quando obtê-las
pareça justo,
correr o risco
não pela sua gratuidade,
mas pelo seu sentido,
ser disponível,
mas sem fazer disso um distintivo,
pecar, mas apenas pelos sentidos,
sem mágoa contra si
nem pedras contra o Pai,
provocar o canto na multidão
sem querer ser o *condottiere*,
aprender o hino nacional
mesmo que ele seja extenso e feio,
defender a constituição
em vez de produzir emendas,
abrir portos em todas as esquinas,
em todas as palavras, em todas as escolas,
nas mesas dos bares, nas camas impróprias
ou próprias, nas reuniões familiares,
nas reuniões contra a família,
nas marchas, nos restaurantes,
nos cabeleireiros, nos dentistas,
abrir portos para a própria
inteligência, ter sempre um porto
onde não chegar, mas donde sair,
praticar todos os atos

que você tenha pena
de não tê-los praticado,
fazer beleza com palavras suas
ou emprestadas, com cores ou sombras,
com verdades ou sutilezas,
fazer do que se puder um ato de beleza,
que a mãe natureza não basta
para a nossa alma obtusa,
contemplar as pessoas belas com cuidado
que nenhum outro ato é tão equívoco,
contemplar um quadro, mas apurar
o próprio nível antes de contemplá-lo,
e apurar em tudo a nossa essência,
trabalhar no acordado e no sono,
nas horas vivas e mortas,
naquilo que te conduz à tua história,
não assinar cheques falsos contra a vida,
ser o autor de sua imagem
ou ao menos de sua semelhança,
quebrar os vidros da janela, por princípio,
não ensinar muito aos filhos,
melhor, deixá-los aprender,
permitir o excesso de lotação,
pois aglomerar pressupõe necessidade,
consentir na impropriedade,
dado a humana imperfeição dos seres,
dançar muito, hábil ou inabilmente,
porque ninguém mente com o corpo,
proclamar-se sem a menor cerimônia,
pois só se despejando
a represa produz energia,
abrir o jogo em todas as contendas,
pois dissimular é pôr um ponto

no lugar das vírgulas, partir
se for necessário ou se não for,
desde que seja para a distância
de si mesmo.
Inconformar-se, para não ser
o fermento alheio do bolo.

MORRE-SE MUITO DEPRESSA

Morre-se muito
depressa
depois da morte.
É diminuto o percurso
entre a agonia
e a terra fria,
entre o expirar aflito
e o conforto
de não mais pensar.

Enterram-se todos
com a pressa
recomendada.

O céu deve estar cheio
dessas identidades,
retratos falados
de uns e de outros
e até mesmo
dos que não eram
nem uns, nem outros.

Fogem todos
com velocidade
do trânsito congestionado
para ficarem calmos
na eternidade.

A vida preenche
os seus lugares

com as falas
de descendentes
tagarelas.

Sem que se perceba,
a vida escapa
como a caneta
predileta do poeta.

É da estética
dos que restam
enterrar os mortos
em jazigos herméticos,
que escondem o corpo
e selam os elos.

Há rituais mais solenes
em outros horizontes:
pira, sarcófago, rezas longas,
gritos ardentes, até gente
se descabelando
para encenar a dor
de um parente.

No Oriente, por prudência,
decola-se lentamente.
Querem dar tempo
ao sofrimento.

Aqui, se respeita
o momento e o pranto,
mas tudo termina
rapidamente,

com o atestado de óbito,
pois só o que está escrito
determina a instância.

INSÔNIA

Há sempre uma hora
para a insônia
na carruagem
solene do sono.

Ainda que atravesse
três verões sem chuva,
ainda que degole
a seca urbana do olhar,
o sono desce pelas pálpebras.

Só há vida
quando a pétala
se fecha.

Só na morte
a carruagem da insônia
estaciona.

Para fechar
a paisagem,
o homem
abre seus olhos
com a retina
cerrada.

Morrer é abrir
uma cortina
de pálpebras
sobre a vida
e esquecer
todos os sonhos.

LUCIDEZ

Guardo meu sono
para outros sonhos
de um vazio
sem dono.

Sonho de outro
inquilino,
vazio de violino.

Sonho de surdo,
mudo na redoma.

Não estou cego
nem sedado,
pois não sonhar
é ver, acordado.

COMO SE MORRE PASSARINHO

Não sei como morrem
os passarinhos,
mas deve ser assim:

Eles já não atacam
os frutos maduros
com a fome
de antigamente.

Voam apenas
o necessário,
para não se perderem
no ar.

Pousam em lugares
inesperados,
até nos ombros
de um homem solitário.

Não se lembram
dos ninhos dos filhotes,
nem dos próprios.

Cantam,
com um trinado
doce e cristalino,
frases mais curtas.

Posam para fotografia
sem medo dos humanos.

Se apegam, profundos,
mas não pensam,
são passarinhos.

Não são enterrados,
desaparecem.
Tornam-se penas invisíveis
depois de mortos.
Mas em vida
despertaram olhares,
como as flores.

Não quero morrer
passarinho.

Sou apenas
um homem,
com alma,
um poeta
sem asas.

Faço palavras
que voam.

A SONATA FÚNEBRE

Ouço um Chopin
no teclado
do décimo oitavo,
onde antes
um filho pródigo
fumava maconha.

Agora solitária,
aliviada dos carinhosos
desvios da outra idade,
a mãe toca Chopin.
Não por acaso.

Que marcha
exuberante
na direção do vazio.
Não há cadência
mais adequada
ao protocolo da morte.
No longo tempo
da sonata a vida parte
com o ser amado.

O filho está longe,
na balada,
e nesta noite
será baleado.
Não busca confirmar
a tristeza do sangue,

mas a certeza
do pressentimento
de que Chopin
é a mãe romântica.

CARGAS INÚTEIS

Do curso presumido
do passado, carrego
acervo acumulado,
mais fácil de renegar
que pôr ao lado,
pois que a vida
vive-se, não existe
no decorrido,
nem perdura
no tecido findo.

Sou teimoso, com a guarda
de memórias e objetos,
tão inúteis quanto glórias
e sofrimentos igualados.
Mas quero viver a cada
instante esses inventos,
como se os tivesse inventado.

São prateleiras com data,
cheias de nada e recados,
corredeiras de aluvião
a confundir o lodo
com o chão.

Não estou sozinho
nessa cruzada de recolher
"família que se muda
e não leva nada".

Observo a ambos.

Os que se mudam
são mais felizes
e menos otários.
Não acreditam que
ao fim da história
se vá usar essa tralha
de alfaias, que atrapalha.

CARPINTARIA

Fui carpinteiro
por algumas horas.
Desfrutei o convívio
das réguas e das plainas.
Serrei madeiras,
lixei suas faces planas
de tábuas retiradas
de nobres toras.

Trabalhei com meu filho,
que nessa ilha
carpinteira
retira-se de suas taras.

Carpintaria,
um tênue muro de Berlim
a separar a serragem
do seu abrigo,
cortinado de cetim
a proteger a matéria
do seu destino.

Carpintaria
de filho a mim,
artesanato fino
e sem fim.

PAI OU CONTRAMESTRE

Não sei ao certo
se fui pai, avô
ou contramestre.

Fui, com ternura,
um provedor
do vazio –
vídeo sombrio
da sombra
materna.

Presença
não compensa
essa falta
nem a grandeza
que a exalta.

Aprendi essa ciência
na prática
da ausência.

Estar ao lado
é dor alegre
e consistente.

Não estar é dor
mais profunda,
latente.

No ângulo da sombra
não tive grandes amores,
de outros
nem de mulheres.
Fui o fiel
predestinado
dessa continência.

No entanto,
fui sedutor
de consciências,
e de tanto me empenhar
exilei-me na penumbra.

Caminhar
foi uma árdua
penitência,
ao lado do corpo real
e da alma sonâmbula.

ORIENT EXPRESS

Tenho-me sonhado
em paisagens sem saída,
cânions, vales
e montanhas.

No *Orient Express*,
banquetes de púrpura,
carruagens à porta
sem nenhum destino.

Quando o sonho
é irredutível
resta-me acordar.

Mas de que serve
sonhar paisagens
se a saída é amanhecer?

VELHICE

Recolher-me não pesa,
adensa-me na geografia
solidária dos oitenta.

Tira dos sonhos acumulados
um sonho vago, que é a vida.

Pois não é que desembrulho
com eles a existência,
único sonho, vitaminado.

Percebo uma alegria
que não tinha aos quarenta,
quando havia tudo
na estante, mulher,
filhos e riqueza.

Pesava, naquele tempo,
um contrato com a felicidade,
escrito a lápis. E mais,
pesava o amor a ser mantido
como os livros da biblioteca.

Pesava uma arquitetura
de cristal e madeiras de lei,
pesava a alegria dos filhos,
que não constava da herança.

Mas pesava a certeza da morte,
não importa em qual cabeça.

MIRAGEM EM VENEZA

I

Todo inverno
tem um pouco
de Veneza.

Veneza é
o que se vê
entre um olhar
e a doce
correnteza.

Quando entrei
recém-casado
e indefeso
na Piazza San Marco
de Veneza,
parei de espanto.
San Marco era bem maior
do que o meu ego.

Foi a primeira vez
que um monumento
civilizado
me pareceu
muito acima
do homem educado.

II

Na mesa ao lado
do meu noivado,
uma família americana
era de tal beleza
que parecia filme
falado.
O pai tinha
o porte relaxado
de Hemingway,
a mãe, a majestade
da Grace Kelly,
a filha loira era
a soma da beleza
insolente
do Ocidente.
O filho, de *blazer*,
parecia o leão marinho
de Harvard,
ainda mais belo
que os gondoleiros.

Eu e minha mulher
pensamos tratar-se
de um espelho
veneziano,
reflexo desumano
de nós mesmos,
na gôndola
de um sonho italiano.

SONHOS

I

Só em sonhos
atrevo-me
a percorrer
escarpas.

Só em sonhos
alegra-me
tua chegada
inesperada.

Só em sonhos
contemplo
horizontes
sem saída.

Só em sonhos
arrisco percorrer
tua pele
sonegada.

Só em sonhos
aproximo
o perto
do desterrado.

Só em sonhos
tenho a coragem

de rasgar
o passaporte.

Só em sonhos
pago juros
pelo que não
empresto.

Só em sonhos
conduzo-te
pela nave
ao sim envergonhado.

Só em sonhos
peço perdão,
depois de havê-lo
esquartejado.

Só em sonhos,
releio
Joyce
com agrado.

Só em sonhos
acordo
deslumbrado
com o sonhado.

Só em sonhos
recuso a mão
ao tirano
que desprezo.

Só em sonhos
avalio a fraqueza
que me inspira
a insônia.

Só em sonhos
utilizo
o covarde recurso
de acordar.

II

Fazer poesia
é descobrir
o novo
no mar
navegado.

É inventar
os arredores
da cidade
abandonada.

Só há, mesmo, poesia,
no roteiro atravessado
de *Ulisses*.

Poesia é linguagem
crespa
de um mar atiçado
por ventos
mediterrâneos.

Mas toda a poesia
ancora
no patrimônio
do retorno.

EVOLUCIONISMO

Estranho chamar
de pecado
o que se instala
na vida
para aliviar
a morte.

Essa noção
de paraíso
piora mais
a sorte
de Adão e Eva.

Turva a beleza
de ser irmão,
quando a de Abel,
é deitada ao chão,
pelo fim que o pecado
destina a Caim.

Tudo é muito
estranho
na criação.
Prefiro as curvas
incertas
da evolução.

HORIZONTE PRÓXIMO

I

Não há horizonte
quando se busca
o horizonte.
Só encontro
o que defronto
na distância
do abraço.
Não se toca
um desejo
no poente,
fica longe.
E ninguém
é sexy
a distância.

II

Só gosto
do que mordo
com o dente.
Tudo se consome
no instante,
do orégano
ao elefante.
Inútil dialogar
com um sujeito

ausente,
mesmo que
no horizonte,
incandescente.

OH, ALMA MINHA

Substantivo que adjetiva o corpo,
é coisa em cima do osso.

Não ter certeza da alma é sabê-la,
pois só há dúvida sobre o que se duvida.

Em mim sinto a inconsistência
que ronda o corpo com insistência.

Assim, fica difícil condenar
a aventura de ir adiante.

Perdoo-me como faria Lutero,
mas gostaria de um perdão mais exigente.

Para chegar ao ora veja,
com a calma que a morte enseja.

II

Só acreditei
na alma
quando levei
esse murro
da morte.

A morte chega
para deixar

o que leva
na estrada.

A cruz não pesa
na curva,
pesa no que
a memória turva.

Ninguém
desenha
exatamente
o que se lembra.

Sua vingança
na viagem
é disfarçar
a bagagem.

Nem no espelho de narciso
recordamos o reflexo
luminoso
do que amamos.

A morte é sutil
qual um vagalume,
quanto mais acende,
mais se consome.

Do inevitável
é o que mais esconde,
pergunta que se esvazia,
resposta que não responde.

Ainda bem que se
recolhe
numa luz
que parece sombra.

SÓ LEIO EUCLIDES

Depois de Dante
e seu *Inferno*,
só consigo ler
Os Sertões,
no incêndio,
congelado.

Nem outro compêndio
que o valor exala,
Casa-grande e Senzala,
nem o *Grande Sertão: Veredas*
com a bela fala
de um amor
fora de escala,
nem mesmo
o murro na cara
de um *Dom Casmurro*,
me abrigam
em tão nobre
hospedagem.

Talvez porque,
sendo filho
de engenheiro,
quero ser solidário
ao engenheiro
abandonado
na cabana
do rio Pardo.

PESA NO OLHAR

Pesa no olhar
salgado
um guardar
que não deságua.

Com o laço
dispenso
o que no azul
disfarço.

Contornos
de uma velha
decisão.

Fechar
os olhos
à ilusão.

A SENTENÇA

Pudesse aliviar
no processo
a sentença

e nessa instância
me indultar
da pena.

pudesse esquecer
a sina de revogar
o que se destina,

não toparia
com a pedra
no caminho,

pois pedra
não ocorre,
contamina.

CHEGA DE LAMÚRIAS

Chega de lamúrias
que mesmo adultas
são espúrias.
Melhor as culpas.

Com elas, juro,
compensamo-nos
da monótona postura
do homem puro.

A trilha do anjo
não leva
muito longe.

E quando leva,
não entrega
o que carrega.

ARREPENDIMENTO

I

Fui sempre muito delicado
e por delicadeza
perdi anéis, dedos e dados.
Tive amigos e sempre os amei,

sem abrandar a retórica
de quem não cala
nem consente.
Tive inimigos, de permeio,

quando jus e beleza
julgaram do mesmo jeito.
Amei pai e mãe, menos

do que amá-los devera,
o que só percebi
quando não mais pudera.

II

Tive vaidade de um poder
que me perseguia
e recomendo a quem possa
não cair nessa fossa.

Tive inveja de uma glória
que desconhecia,

mas não paguei a conta
do que perdido havia.

Se hoje faço versos
com imprudente autoria,
quero pagar com utopia.

Mas só reverencio
quem pagou com amor
o amor que devia.

TOLICES

O que me enche o saco
não são as tolices.
São as minhas tolices.
São as planícies
que não percebemos,
por monótonas.
São as coisas simples
que perderam o status
de coisas pensadas.
É o ouro que brilha
com absoluta
falta de decoro.
É a inveja
dos poetas
consagrados.
É o ciúme
do homem amado
pelas que amo.
É não apreciar
o gesto generoso.
É pedir mais sal
no prato servido.
É pedir mais luz
ao segredo
revelado.
É desprezar
a tolice
dos outros.

ÍNDICE DE POEMAS

TROIA CANUDOS, 17

A Canção de Aquiles, 19
Sonetos dos Ventos de Ifigênia, 23
Quadras dos Ventos da *Ilíada*, 26
O Lobo de Esparta, 29
A Muralha, 30
Poética, 32
O Ego de Troia, 33
O Código de Helena, 34
A Escolha, 38
O Fim da Utopia, 40
A Morte de Heitor, 41
Pátroclo, 44
O Minotauro, 45
Ulisses na Redação, 47
O Retorno de Ulisses, 50
O Verde de Ítaca, 68
O Enigma de Penélope, 72
A Dúvida de Penélope, 74
Troias Gêmeas, 77
Deuses Aqueus, 78
Titanic – A Nova *Odisseia*, 83
Epílogo, 84

CANUDOS, 85

A Muralha, 86

O CONSELHEIRO, 87
A Coragem, 87
A Aventura, 89

O DNA [[A Gênese]], 90
A Esposa, 91
O Ideário, 92
O Líder, 93
A Prisão, 94
A Profecia, 95
A Troia de Taipas, 96
A Miragem, 97
São Bom Jesus da Lapa, 98

A TERRA, 99
Da Atmosfera, 99
De Dentro, 100
Da Geografia, 102
Da Imagem, 103
Da América, 104
De Dante, 105
Da Seca, 106
Da Geologia, 107

O HOMEM, 109
Homem em Pé, 109
A Máscara Gelada, 110
"De Heréticos e Relapsos", 112
O Paulista, 113
O Mestiço, 115
O Guerreiro, 116

A LUTA, 117
O Soldado Morto, 117
Não é Coisa de Menino, 118
Enciclopédia, 119
Cidade Feia, 120
A República e o Feiticeiro, 121
Primeira Expedição, 122
Primeira Retirada, 123
Moreira César, 125
Face a Face, 126

Confronto, 127
A Tática do Olhar, 129
Vamos Almoçar em Canudos, 130
Uma Colmeia de Serpentes, 131
Carga Amarga, 133
O Piedoso Pôr de Sol, 134

ÚLTIMA EXPEDIÇÃO, 135
Convocação Nacional, 135
A Resistência, 137
Conclusão, 139

TAHINA CAN, 141

Primera Elegía, 143
Segunda Elegía, 146
Tercera Elegía, 148
Cuarta Elegía, 151
Quinta Elegía, 154
Sexta Elegía, 157
Séptima Elegía, 159
Octava Elegía, 161
Novena Elegía, 164
Décima Elegía, 166

EUROPA, 169

ALEMANHA, 170
Doktor Fausto — Parte I, 170
O Crepúsculo dos Deuses, 173
O Exercício do Poder, 174
Soneto do Desertor, 176

BARCELONAS, 177
Las Ramblas I, 177
Corridas de Toros, 179

El Sombrero de Tres Picos, 180
El Mercat de la Boqueria, 181
Profecías, 182
No Sigo Magdalenas, 183
Las Ramblas II, 184
El Encuentro con Tapies, 186
Cantos de Cadiz, 187
El Ángel de España y la Globalizacion, 188
La Hacienda, 191
A Mula Andaluza, 193

DINAMARCA, 195
Natal em Copenhagen, 195

LONDRES, 196
O Amante de Lady Chatterley, 196
O Êxtase de Lady Chatterley (Visto pelo Jardineiro), 205

PARIS, 208
Variações Goldberg, 208
Marcel Proust para Alunos do Segundo Grau, 211
Da Melancolia (I), 213
Da Melancolia (II), 226
Deux Âmes, 229
Na Vitrine do Fauchon, 234
Mon Domaine, 236
Souvenir, 238
Faiblesse Royale, 239

ROMA, 240
O Santo Padre, 240
Catecismo Apócrifo, 249
Florença, 255
Soneto do Silêncio Consentido, 257

Salzburg, 258
Num Trem de Zurich a Salzburg, 258
Les Écuries de Salzburg, 261

SEVILHA, 262
Dibujos de Sevilla, 262

SUÍÇA, 266
Lausanne, 266
Zermmat, 267
Davos, 268
Genève, 269
Gruyère, 270
Berna, 271
Lac Leman, 272
Yverdon, 273
Zurich, 274

AMÉRICAS, 275

ARGENTINA, 276
BUENOS AIRES, 276
A Ética das Maçanetas, 276
Argentina de Kazuo Ohno, 279
A Lua de Kazuo Ohno, 280
Presságios de Kazuo Ohno, 281
Conto Argentino, 282
Los Hermanos, 284
Tango, 287

MÉXICO, 289
CIDADE DO MÉXICO, 289
En la Casa de Frida Kahlo, 289
Teotihuacan, 293

COLÔMBIA, 296
Medellín, 296
Un Vuelo Solto, 298

EQUADOR, 299
A Linha do Equador, 299
A Terra é Redonda, 302
Aula de Geometria, 304

NOVA YORK, 306
João Gilberto em New York, 306
Olho no Olho, 307
Soho, 308
The Happy Accident, 309
The Balthazar, 311
A Noite Adolescente dos Dezenove, 313

SÃO PAULO, 315
Meninos de Rua, 315
"Comoção da Minha Vida", 319
Tietê ou Avenida Paulista, 322
Urbanoide, 326
Dialógica Cidade, 327
O Santa Luzia, 338

LIÇÕES, 343

Lições, 345
A Linguagem da Poesia, 351
A Cor da Poesia, 352
Só Há um Poema, 354
Poesia, 359
Gaiolas Pós-Modernas, 363
Língua Portuguesa, 364

INFÂNCIA, 367
Jardim da Infância, 367
Quedas d'Água, 371

LIÇÕES DE VIDA, 373
A Outra Margem do Rio, 373
Almas Penadas, 375
Litania, 377
O Ser e o Trôpego, 380
O Rio e o Lago, 382

Meus Oitenta Anos, 385
Un-Happy Hour, 389
O Efeito Careca, 391
Arestas, 392
Conjugar no Infinito, 393
Morre-se Muito Depressa, 397
Insônia, 400
Lucidez, 402
Como se Morre Passarinho, 403
A Sonata Fúnebre, 405
Cargas Inúteis, 407
Carpintaria, 409
Pai ou Contramestre, 410
Orient Express, 412
Velhice, 413
Miragem em Veneza, 414
Sonhos, 416
Evolucionismo, 420
Horizonte Próximo, 421
Oh, Alma Minha, 423
Só Leio Euclides, 426
Pesa no Olhar, 427
A Sentença, 428
Chega de Lamúrias, 429
Arrependimento, 430
Tolices, 432

© 2017 Jorge da Cunha Lima
Todos os direitos desta edição reservados
à Laranja Original Editora e Produtora Ltda.
www.laranjaoriginal.com.br

Editores
Filipe Moreau
Jayme Serva

Capa e projeto gráfico
Hélio de Almeida
Thereza Almeida

Produção executiva
Gabriel Mayor

Revisão
Flávia Portellada
Maria Carbajal

Dados Internacionais de
Catalogação na Publicação (CIP)
(Câmara Brasileira do Livro, SP, Brasil)

Lima, Jorge da Cunha
Troia Canudos / Jorge da Cunha Lima. – 1. ed. –
São Paulo : Laranja Original, 2017.

ISBN 9788592875091

1. Poesia brasileira I. Título.

17-04781   CDD-869.1

Índices para catálogo sistemático:
1. Poesia : Literatura brasileira 869.1

Este livro foi composto em Palatino
e impresso no Brasil em junho de 2017
pela Geográfica em papel Pólen 80g